Je pense, donc je souffre

Camille Réale

Je pense, donc je souffre
Petit traité de Vie Consciente

Préface du Dr Christophe Massin

© L'Harmattan, 2017
5-7, rue de l'Ecole-Polytechnique, 75005 Paris

http://www.harmattan.fr
diffusion.harmattan@wanadoo.fr
harmattan1@wanadoo.fr

ISBN : 978-2-343-11533-7
EAN : 9782343115337

*A la mémoire de Lee Lozowick,
qui a incarné la Vie Consciente,
et bien au-delà...*

« Celui qui est le maître de ses pensées est plus grand que celui qui est le maître du monde. »

Le Bouddha

« L'esprit est fait de bien plus que les simples pensées qu'il entretient. »

Lama Tarthang Tulkou

« Je mets mon espoir dans la conscience, pas dans les pensées. »

Red Hawk

« Mettre l'accent sur la capacité de conscience de chaque être humain souligne sa capacité de liberté, donc la possibilité de transformation. »

Philippe Dautais

SOMMAIRE

PREFACE 13

PREAMBULE 17

INTRODUCTION 19

Première partie. SORTIR DE L'INCONSCIENT 21

Deuxième partie. ENTRER DANS LA CONSCIENCE ... 61

CONCLUSION 121

REMERCIEMENTS 123

TABLE 125

PREFACE

du Dr Christophe MASSIN

« Je pense, donc je souffre », la formule provoque ! Un clinicien du psychisme ne peut qu'y souscrire quand il constate jour après jour les ravages exercés par la pensée négative chez ses patients. Camille Réale ne se contente pas de l'affirmer, elle l'inscrit dans une perspective beaucoup plus vaste en montrant la complémentarité de la psychothérapie et d'une démarche de transformation intérieure. Quand la première nous fait découvrir que l'inconscient nous détermine en profondeur pour nos orientations dans l'existence et pour nos réactions, la seconde nous fait réaliser que nous vivons dans l'inconscience de ce que nous sommes véritablement, de notre nature première.

Camille Réale décrit avec clarté et de manière vivante le rôle joué par la pensée dans l'apparition de notre souffrance psychique, tout particulièrement quand elle prend la forme de ces convictions négatives, ancrées en nous dès l'enfance, qui structurent des représentations de nous-mêmes et de la réalité inadéquates et dysfonctionnelles. Bien sûr, la pensée humaine ne se réduit pas à ces aspects morbides et destructeurs, et sa mise en cause ne concerne que ceux de ses fonctionnements qui maintiennent notre prison mentale.

L'apport le plus original se trouve dans la deuxième partie de ce livre qui traite de la Vie Consciente, non au sens du Conscient de la psychanalyse mais de la Pleine Conscience - celle qui nous éveille du sommeil de l'aveuglement tel que le définissent les sagesses traditionnelles. Pour celles-ci, l'état de veille de l'homme ordinaire n'est qu'une forme amoindrie et caricaturale au regard de l'immense potentiel de conscience que porte l'être humain. Ce dont parle Camille Réale ne se rapproche donc pas d'une technique de réduction de l'anxiété ou de la dépression comme les programmes de méditation Pleine Conscience développés par Jon Kabat-Zinn. Il s'agit des bases d'un chemin de transformation radical qui va bouleverser les fondations de notre psychisme. En effet, nos conditionnements ne se bornent pas à nos complexes inconscients. Il en est un beaucoup plus fondamental, en amont de tous les autres : croire que je suis celui que je pense être, en d'autres termes, c'est l'identification à l'ego. Ce dernier nourrit l'illusion qu'il est aux commandes alors qu'il est le jouet de ses conditionnements et de sa prétention à être au centre des événements.

Le processus de désidentification, comme on peut l'imaginer, ne s'opère pas sans rencontrer de fortes résistances, tant est puissant notre attachement à ce moi, même souffrant. Camille Réale nous présente des aspects essentiels de ce processus : le développement de la conscience du corps qui permet de l'habiter pleinement ; le travail sur les émotions où l'on apprend à les accueillir et surtout à en prendre l'entière responsabilité ; l'observation des pensées, sur le vif de nos réactions au quotidien, pour reconnaître comment nous déformons et refusons la réalité telle qu'elle est.

La démarche va donc nous montrer l'infantilisme de nos attentes et nous conduire à nous en détacher. Elle va relativiser la solidité de nos pensées, et mettre en évidence, comme l'enseignaient déjà les stoïciens, que c'est la croyance obstinée en notre représentation de la situation qui cause la souffrance, et non l'événement lui-même. L'ego se cramponne à son monde et refuse le monde tel qu'il se présente à lui, instant après instant, dès que l'existence n'obéit plus à ses souhaits et le confronte au désagrément, à l'insécurité. Ce faisant, il se coupe du flux de la vie à la fois en lui-même et en relation avec l'extérieur. La pratique de l'acceptation participe à dissoudre l'identification égocentrique et nous conduit à ressentir le cœur de notre humanité, à nous relier. Elle requiert le courage de faire face, de ne pas se fuir, en admettant de se laisser traverser par les vicissitudes et les épreuves de la vie, sans se débattre. Nous découvrons alors qui nous sommes, notre vraie nature, qui est plénitude, bienveillance inconditionnelle. Les affres du narcissisme défaillant sont remplacées par l'ouverture de l'amour.

Les temps actuels, marqués par l'incertitude et les menaces nombreuses qui planent sur notre devenir, nous incitent déjà à ne pas nous laisser submerger par le stress et la négativité névrotique. Mais, à mon sens, cette situation nous demande plus encore, si nous voulons demeurer lucides, ouverts et jouer un rôle bénéfique. Entreprendre ce chemin de transformation offre une telle possibilité et le lecteur pourra trouver dans ces pages des pistes concrètes.

PREAMBULE

Les deux grandes parties de cet ouvrage reflètent les étapes de mon cheminement personnel : après plus de quinze années consacrées à la mise au jour de mon inconscient au moyen d'une psychanalyse très investie, j'ai entrepris une autre forme de travail sur soi, fondée sur la Conscience, qui, petit à petit, m'a amenée à vivre dans la présence à moi-même et à la vie. C'est ainsi que l'investigation de soi, via la cure analytique qui en constitue une méthode privilégiée, a frayé le chemin de la maturation personnelle à laquelle j'aspirais. Loin de s'opposer, ces deux démarches sont complémentaires : c'est en effet sur la base d'une profonde connaissance de soi que peut s'édifier la transformation intérieure qui, elle-même, autorise la Vie Consciente à laquelle chaque être humain est destiné - qu'il le sache ou non - et à laquelle il a fondamentalement droit.

Le fruit de cette transformation est la réalisation du potentiel humain singulier qui permet à chacun de trouver sa juste place dans le monde et d'y participer au mieux de ses aptitudes.

Cet ouvrage se veut le partage d'une réflexion et d'une expérience - tant professionnelles que personnelles - dont il est issu. Il n'aurait pu voir le jour sans la parole de mes patients dont le nom et certaines données personnelles ont été modifiés afin d'en préserver l'anonymat. Il puise à diverses sources, tant psychanalytiques que sapientiales. Il ne prétend ni à l'exhaustivité, ni à l'exclusivité et encore moins à la vérité. Il invite chacun à trouver la sienne.

Puisse-t-il contribuer à la réalisation du potentiel de ses lecteurs, et les aider à vivre une Vie Consciente.

INTRODUCTION

L'être humain se croit libre et maître en sa demeure. Il imagine que ses pensées, ses émotions, ses conceptions (de lui-même, d'autrui, de la vie ou du monde), sont véritablement les siennes et reflètent la réalité. Il croit faire des choix qui lui sont propres et jouir de son libre arbitre. Dès qu'il est anatomiquement sorti de l'enfance et de l'adolescence, il se prend pour un adulte autonome. Ces convictions sont tellement ancrées en lui que la révolution psychanalytique les a à peine ébranlées. Elles sont de surcroît renforcées par l'hégémonie de la pensée dans la société occidentale contemporaine (« Je pense, donc je suis... libre »), où intellection et conscience sont confondues. La confrontation à l'inconscient (le mien et celui d'autrui), ainsi qu'à la souffrance (la mienne et celle de mes patients), m'a montré que la réalité était tout autre.

Chacun de nous est déterminé par son inconscient et trop souvent mené, à son insu, par l'enfant qui demeure en lui. A moins d'une radicale prise de conscience de notre véritable statut d'être aliéné, nous demeurons aussi prisonniers de nos déterminations (culturelles, historiques, psychologiques, etc.) qu'en proie à l'illusion du libre arbitre. La rencontre avec les tourments de la vie nous amène parfois à entreprendre une psychothérapie avec, dans la plupart des cas, le seul désir, bien compréhensible, de nous débarrasser de nos maux. Certains, plus aventureux, entreprennent une démarche (philosophique, psychologique ou spirituelle) pour se connaître. La véritable connaissance de soi suppose un double mouvement de désaliénation et d'assomption : la prise de conscience de sa détermination - ou sortir de l'inconscient - et l'introduction à la Vie Consciente - ou entrer dans la Conscience. C'est ce double mouvement que nous examinerons dans les deux grandes parties de cet ouvrage.

Parfois, lorsque la souffrance se fait trop aiguë, nous nous demandons si la vie vaut la peine d'être vécue : nous naissons sans l'avoir demandé, grandissons, vieillissons et, sauf exception, nous mourrons aussi sans l'avoir demandé. La vie ne nous semble plus alors qu'une suite de deuils à faire : le deuil de l'antre et du sein maternels, le deuil de la jeunesse, de notre vie professionnelle, de ceux que nous aimons, puis, finalement, le deuil de nous-mêmes. Comment faire de ce temps qui nous est imparti une opportunité de croissance intérieure ? Comment ne pas vivre toute notre vie en dessous du seuil de Conscience ? En d'autres termes, comment faire de notre vie, quels que soient ses aléas, une Vie Consciente ? C'est à ces questions que cet ouvrage tente d'apporter quelques éléments de réponse.

Première partie

SORTIR DE L'INCONSCIENT

Chapitre 1

LES DEUX REALITES

Ce que nous nommons communément la réalité, que nous croyons partagée, se borne à la réalité matérielle, autrement dit, au monde qui nous entoure. Tout au plus l'opposons-nous au rêve, à la fiction, à l'illusion, ou au délire. Or, il existe une autre réalité : la réalité psychique dont, pour la plupart, nous ne sommes pas conscients. Bien qu'invisible, cette réalité psychique interne est tout aussi réelle que la réalité extérieure. Elle s'est constituée durant l'enfance, et perdure à l'âge adulte. Elle est le fruit des interactions de l'enfant avec son environnement et demeure, le plus souvent, extrêmement infantile. Elle se compose non seulement des désirs inconscients, mais aussi de la conception de soi, d'autrui, de la vie et du monde et nous amène à rejouer un scénario infantile dans notre vie d'adulte. C'est la raison pour laquelle, bien souvent, et pas seulement dans les cas de pathologie avérée, la réalité psychique prévaut sur la réalité matérielle, car c'est elle qui, pour l'être humain, à son insu, prend valeur de vérité. C'est ce que le sage indien, Swâmi Prajnânpad, signifiait lorsqu'il affirmait que nous ne vivons pas dans *le* monde, mais dans *notre* monde, autrement dit dans notre réalité psychique, subjective et infantile. C'est cette réalité psychique inconsciente (quelle qu'elle soit : de culpabilité, de rejet, de prétention ou de grandeur, etc.) qui conditionne notre vécu d'adulte et colore notre ressenti émotionnel, comme l'illustrent les deux exemples suivants.

Raphaëlle est une jeune femme vive et intelligente. Très investie dans son travail, elle se plaint de ne pas pouvoir s'empêcher de faire des heures supplémentaires car elle a toujours le sentiment d'être « *prise en faute* » et que son chef lui signifie que ce qu'elle fait « *n'est pas bien* ». En réalité, le sentiment de culpabilité permanent qui infiltre la vie professionnelle de Raphaëlle n'est en rien lié à son travail mais s'origine dans un vécu infantile incestueux.

Claire, quant à elle, a pu faire l'expérience, lors d'une soirée chez un couple d'amis, de la pérennité de son vécu infantile inconscient : très mal à l'aise chez ses amis qui l'avaient gentiment invitée à passer la nuit chez eux, Claire n'a pu imaginer une seconde qu'ils auraient apprécié sa compagnie : après avoir tenté de se rendre utile pour atténuer son impression de gêner, elle trouve un prétexte pour s'éclipser dès la tâche achevée. A la séance suivante, elle réalise que ce qu'elle a ressenti chez ce couple d'amis n'était rien d'autre qu'une reviviscence de son vécu infantile auprès de ses parents qui ne l'avaient pas désirée et l'avaient peu investie. Deux ans plus tard, Claire est invitée par un autre couple d'amis. A la fin du séjour, son amie lui propose de la raccompagner à la gare en voiture. Claire, qui a toujours peur de déranger, lui répond qu'elle peut prendre le bus et qu'elle a déjà son ticket. Son amie insiste et Claire finit par céder. En chemin, elle comprend que son amie voulait profiter du trajet pour lui faire des confidences. Claire, dans sa mésestime de soi, était à mille lieues d'imaginer que l'on puisse vouloir lui parler et entrevoit à quel point sa psychologie fait obstacle à la relation.

La réalité psychique inconsciente est aussi à l'origine de nos symptômes qui sont, comme Freud l'avait si justement dit, une tentative de guérison : nous reprenons les « ingrédients » de notre histoire personnelle en espérant que le résultat sera différent. Telle Catherine, dont le père était alcoolique, qui a épousé un homme lui aussi dépendant de l'alcool et qui tente, vainement, de le rendre abstinent ; ou Carole, dont le père était défaillant, qui a choisi, pour devenir le père de ses enfants, un homme incapable de tenir ce rôle, et qui s'évertue à faire de lui un bon père ; ou encore Odette, rejetée dans son enfance, qui perpétue les situations de rejet, voire les suscite, et Cynthia, née d'une mère adolescente, qui a elle-même mis au monde un enfant très précocement et tente de lui donner ce qu'elle n'a pas eu... La liste est loin d'être exhaustive : les situations où l'on répète inconsciemment le trauma initial sont innombrables et la souffrance générée par cette répétition est infinie. Où est notre liberté dans ce mécanisme inconscient qui semble inéluctable tant qu'il n'a pas été mis au jour ? Et quelle prise nous donne-t-il sur la réalité extérieure ?

Chapitre 2

L'INTERPRETATION DE LA REALITE EXTERIEURE

La principale conséquence de l'existence d'une réalité psychique interne est que, contrairement à la croyance la plus répandue, nous n'avons pas véritablement accès à la réalité extérieure : nous ne percevons cette dernière qu'à travers le filtre, très subjectif, de la réalité psychique et, sans être en proie à une pathologie mentale caractérisée, nous n'en vivons pas moins une invisible folie ordinaire : ce que nous prenons pour la réalité n'est, bien souvent, que l'interprétation que nous en faisons via la reviviscence de notre vécu infantile dans le présent. La réalité nous est voilée par la subjectivité de nos interprétations et projections, autrement dit, par nos pensées et nos émotions.

A moins d'avoir fait un travail sur soi approfondi, il est fréquent que nous conservions, tout au long de notre vie, l'interprétation que, enfant, nous avons donnée aux événements qui nous ont marqués, et la conclusion que nous en avons tirée sur nous-mêmes ou sur autrui, telle Anne-Marie qui, issue d'une famille nombreuse dont elle était la benjamine, se sentait transparente aux yeux de ses collègues et de ses supérieurs hiérarchiques comme, enfant, elle s'était sentie transparente aux yeux de ses parents dont elle tentait désespérément d'attirer l'attention : « *Mais où est ma place ?* » s'interrogeait-elle, avant d'ajouter : « *C'est au sein de ma famille que je ne trouvais pas ma place. J'ai souvent ressenti ça, mais c'est ce que je ressentais quand j'étais enfant. Je disais au Bon Dieu qu'il s'était peut-être trompé en m'ayant fait naître dans une telle famille !... Je porte encore en moi nombre de blessures liées à mon enfance* ». Ainsi, coupés de la réalité présente, sommes-nous aliénés par notre vécu infantile dont nous demeurons captifs.

A l'instar du paranoïaque, nous interprétons la réalité extérieure, autrement dit, nous ne percevons pas le monde tel qu'il est, mais uniquement l'interprétation que nous en donnons, en fonction de notre réalité psychique. Tels les personnages que le Petit Prince d'Antoine de Saint-Exupéry rencontre lors de son voyage vers la Terre, l'être humain est prisonnier de sa réalité interne : le roi ne voit que des sujets, le vaniteux que des admirateurs... Bref, chacun vit dans *son* monde, tout en croyant vivre dans *le* monde. Tragique méprise ! L'accès à la réalité nous est barré, mais nous continuons à nous comporter comme s'il ne l'était pas. Autrement dit, nous donnons valeur de vérité à notre fiction subjective qui s'incarne dans nos pensées. Ce faisant, nous entretenons notre malheur car, bien souvent, ce ne sont pas tant les faits en eux-mêmes qui nous font souffrir que l'interprétation que nous en donnons, comme l'illustre l'histoire de Carole :

Jeune mère célibataire, Carole se débat depuis des années pour concilier, sans soutien familial, son travail et l'éducation de ses enfants. Bien qu'elle parvienne très honorablement à assumer ses responsabilités tant professionnelles que familiales, Carole se sent déprimée : elle est convaincue que sa situation ne s'améliorera jamais parce qu'elle pense n'avoir aucune valeur et ne mériter ni l'amour, ni le bonheur. Ce qui déprime Carole, ce n'est pas tant la réalité objectivement difficile de sa situation que l'interprétation personnelle qu'elle en donne, qui est liée à son vécu infantile : rejetée par des parents immatures et par une soeur aînée qui la jalouse, Carole en tire la conclusion qu'elle n'est pas digne d'amour.

Tels Carole, nous ne voyons, dans la réalité extérieure, que ce qui vient *confirmer* notre réalité psychique interne. C'est la surimposition de notre subjectivité sur le monde qui nous entoure que nous prenons pour la réalité objective. Une telle méprise en dit long sur le tragique de la condition humaine ordinaire…

Voyons maintenant comment la subjectivité de notre réalité psychique influence la conception que nous avons de nous-mêmes et d'autrui.

Chapitre 3

LA CONCEPTION DE SOI ET D'AUTRUI

Notre réalité psychique inconsciente colore non seulement le monde qui nous entoure, mais aussi la conception que nous avons de nous-mêmes et d'autrui. Nous n'avons pas plus accès à nous-mêmes qu'au monde extérieur. Nous ne nous percevons pas tel(le)s que nous sommes mais tel(le)s que, enfants, nous avons été perçu(e)s, parfois même avant notre naissance, ou tel(le)s que nous nous sommes perçu(e)s à travers les interactions avec les figures les plus significatives de notre enfance. C'est à l'aune de cette représentation infantile de nous-mêmes que nous jaugeons notre propre valeur et celle d'autrui qui est, en général, inversement proportionnelle à celle que nous nous attribuons : ainsi aurons-nous tendance, dans une incessante comparaison, à nous dévaloriser si nous surestimons les autres, et à les sous-estimer si nous nous surestimons. L'histoire d'Alicia illustre cette méprise sur la conception de soi :

Grande et belle quadragénaire, Alicia a accédé à une profession libérale très investie qu'elle exerce avec beaucoup de rigueur. Son discours contraste singulièrement avec ce qui émane d'elle : elle se vit comme « *une vilaine petite chose toute moche* », et se traite comme telle, autrement dit, comme sa mère l'a traitée. Je remarque qu'elle parle de son corps comme d'un objet, en termes pour le moins péjoratifs : « *Je suis en conflit total avec mon corps. Je le vois comme si ce n'était pas moi, mais une chose que je devrais pouvoir modeler à volonté, que je pourrais totalement maîtriser, qui ne devrait pas avoir de manifestations autres que celles que je veux. Mais ça bouge là-dedans, et ça ne ressemble pas du tout à ce que je voudrais !* » Sa conviction de n'être rien et de n'avoir aucune valeur est très enracinée. Peu à peu se font jour, au cours de la thérapie, des relations difficiles avec une mère idéalisée au désir de laquelle Alicia a, en vain, tenté de se conformer. Réalisant qu'elle ne satisfera jamais sa mère, Alicia se déprime et n'a plus envie de vivre. Elle investit ses séances et découvre que la conception qu'elle a d'elle-même n'est rien d'autre que la manière dont sa mère l'a perçue à sa naissance : une « *vilaine petite chose laide et fripée* » (en réalité, prématurée et cyanosée), qu'elle n'avait pas désirée. C'est ce vécu maternel intériorisé qui constitue l'image de soi, très dévalorisée, d'Alicia.

Très dévalorisée aussi est la représentation de soi de Nora, une jeune mère célibataire qui craint de perdre l'amour de son fils unique. Afin de pouvoir lui faire de beaux cadeaux, Nora fait des heures supplémentaires dans le grand magasin où elle est employée. « *Je ne sais pas comment lui montrer mon amour autrement. Je ne sais pas ce qui me différencie des autres personnes à ses yeux. Je n'ai rien d'exceptionnel pour avoir le titre de mère, parce que n'importe qui peut me remplacer* ». Nora est en grande souffrance : elle craint que son fils n'en vienne à préférer la nouvelle compagne de son ex-mari qui a les moyens de lui faire de plus beaux cadeaux que les siens. « *Avec tous les cadeaux de valeur qu'elle lui fait, il va forcément l'aimer plus que moi, et il préférera aller chez son père qui lui passe tous ses caprices parce qu'il ne le voit que le week-end* ». Ne parvenant pas à voir sa valeur propre et sa place unique en tant que mère, Nora ne peut imaginer pouvoir offrir à son fils autre chose que des biens matériels, faisant ainsi de toute personne plus aisée qu'elle une rivale potentielle dans le cœur de son enfant.

Issue d'un milieu très modeste, Perla souffre, tout comme Nora et Alicia, d'un manque d'estime de soi. Fille d'une gardienne d'immeuble des beaux quartiers de Paris, elle a passé son enfance et son adolescence à envier les enfants issus des milieux très favorisés qu'elle côtoyait sur les bancs de l'école, et à tenter de leur ressembler. Aujourd'hui encore, elle garde une image très idéalisée de la « *bourgeoisie* » à laquelle elle veut se conformer, et très dévalorisée d'elle-même, en dépit d'études qui lui ont donné accès à un métier « *honorable* ». Je n'ai pas été sans remarquer, comme cela s'est produit à maintes reprises avec d'autres patient(e)s, que ses relations amoureuses sont conformes à la piètre idée qu'elle se fait d'elle-même : alors qu'elle aspire plus que tout à « *l'honorabilité* », Perla entretient, depuis des années, une relation amoureuse clandestine avec un homme marié et père de famille qui lui consacre, tout au plus, une heure de son temps, de cinq à sept, une à deux fois par mois. Lors d'une séance, elle s'écrie: « *C'est sympa une heure ou deux d'être avec Perla, mais on en a vite fait le tour !* » Je lui fais alors remarquer qu'elle ne peut imaginer intéresser un homme plus d'une heure, ni pour autre chose que la bagatelle. A la séance suivante, Perla, dans une allusion au film *La Vie est un long fleuve tranquille*, confie sa crainte d'être abandonnée : « *Le plus dur, dans mon quotidien, c'est ce sentiment négatif sur moi. Ce n'est pas du tout vendeur ! Je ne serai jamais une Lequénois. Il va sentir chez moi la graine de Groseille, et ça, ça va le faire fuir !* »

Comme l'illustre l'histoire de Perla, notre réalité psychique inconsciente informe non seulement la conception que nous avons de nous-mêmes et d'autrui, mais aussi nos relations. A défaut d'en prendre conscience, comme Perla, nous croirons voir dans les événements relationnels douloureux qui jalonnent notre vie la preuve de notre absence de valeur [1]. Or, ce n'est pas parce que « l'on ne vaut rien » que l'on est dans une impasse relationnelle, mais parce que l'on est persuadé de ne rien valoir. Il convient d'ajouter que si une saine estime de soi ne prémunit pas contre les déboires relationnels, elle évite au sujet qui y est confronté d'en tirer une conclusion négative sur lui-même, donc de se déprimer à la suite d'une rupture, qu'elle soit amoureuse, amicale, familiale ou professionnelle. De surcroît, elle n'est pas sans retentir sur notre conception de la vie et du monde.

---

[1] (Ou, au contraire, si notre ego est hypertrophié, la preuve de notre valeur dans les événements relationnels gratifiants).

Chapitre 4

LA CONCEPTION DE LA VIE ET DU MONDE

« Le Moi est toujours l'étalon grâce auquel on mesure le monde [1] » nous dit Freud. En effet, la conception que nous avons de la vie et du monde est étroitement liée à la conception de soi et d'autrui, ainsi qu'à notre condition, tant physique que psychique : selon que nous sommes jeunes ou âgés, bien portants ou souffrants, de bonne ou de mauvaise humeur, que nous nous estimons ou nous mésestimons, la vie nous semble belle et le monde nous appartient, ou, au contraire, nous avons le sentiment que la vie ne vaut pas la peine d'être vécue et que le monde est menaçant.

Notre conception de la vie et du monde est aussi étroitement liée à notre histoire - personnelle, familiale ou collective - comme l'illustre le cas d'Antoine : Antoine a la cinquantaine quand il vient me consulter pour la première fois. Je suis d'emblée frappée par la véhémence de son ton et la virulence de son propos, très négatif, qui contraste singulièrement avec sa vie somme toute plutôt paisible et confortable. Antoine a fait toute sa carrière dans l'enseignement. Depuis son divorce, il vit seul dans une

---

[1] S. Freud, *Cinq psychanalyses*, Paris, P.U.F., 1954, p. 169.

belle maison avec jardin. Quand il n'est pas aux réunions du syndicat auquel il a adhéré dès le début de sa vie professionnelle, il joue aux cartes avec ses amis ou fait de la randonnée. Il entretient de bonnes relations avec son voisinage, avec sa fille, qui a « bien réussi dans la vie », et avec son ex-épouse, qui continue à lui témoigner beaucoup de sollicitude. En dépit de tout ce dont il pourrait se réjouir, Antoine trouve la vie « *pourrie* ». Après avoir passé de nombreuses séances à exprimer, dans un langage peu châtié, sa colère contre « *la vie* », il finit par relater son histoire : sa mère, Sylvette, avait dix-neuf ans quand elle lui a donné le jour. Dotée d'une jolie voix et d'un physique plutôt avantageux, elle rêvait de faire carrière dans la chanson. Séduite par un homme plus âgé qui lui promit de l'aider dans sa carrière artistique, elle le suivit à Paris, où elle apprit qu'elle était enceinte de jumeaux. Son amoureux la renvoya alors chez ses parents qui l'accueillirent fraîchement et lui signifièrent qu'elle allait devoir pourvoir à ses besoins, ainsi qu'à ceux de ses enfants. Meurtrie, Sylvette trouva alors à s'employer comme agent hospitalier. Après sa pénible journée de travail, elle n'avait plus beaucoup de patience pour s'occuper de ses jumeaux. Le corps déformé par la grossesse gémellaire et usé par un travail ingrat, Sylvette se mit rapidement à exécrer la vie et cet homme qui l'avait abandonnée à son triste sort. C'est la colère, le ressentiment et la révolte maternels qui informaient la conception qu'Antoine avait de la vie et du monde, pas sa paisible existence dont il n'a pu commencer à jouir que lorsqu'il réalisa que ce qu'il croyait être sa propre vision des choses n'était, en réalité, qu'un douloureux héritage maternel.

La conception de la vie comprend le projet de vie. Il n'est pas rare de voir des enfants réaliser, à leur insu, le projet de vie - professionnel ou personnel - que l'un de leurs parents n'a pu mener à terme. Il n'est pas rare non plus de voir des parents « annexer », à leur corps défendant, la vie de leurs enfants pour compléter ou réparer la leur, induisant, chez ces derniers, un désir qui n'est pas le leur. Cette « annexion », dont aucun des protagonistes n'est conscient, peut avoir de fâcheuses conséquences pour l'enfant qui en fait les frais, comme Adrien, sommé d'exceller en tout par une mère qui considérait sa propre vie comme un échec. A la quarantaine, après avoir suivi l'injonction maternelle de réussite, Adrien sombre dans la dépression, démissionne de son poste de cadre d'entreprise, et ne sait plus quoi faire de sa vie. Il n'avait vécu, jusque-là, que pour réparer sa mère et lui donner entière satisfaction.

Tel a aussi été le cas d'Anna dont la mère et la sœur cadette sont mortes prématurément de maladie. Restée seule avec son père, Anna n'a qu'une seule idée en tête : se marier, et avoir des enfants. Elle a tôt fait de rencontrer un jeune homme qui l'épouse et lui donne rapidement... deux filles. Tout aussi rapidement, Anna réalise que la vie commune avec son mari ne lui convient pas, se sépare de celui-ci et retourne vivre chez son père, emmenant ses deux filles avec elle, tels des cadeaux au père, en remplacement de la mère et de la sœur disparues, auxquelles ses filles ressemblent étrangement... Anna, tout comme Adrien, était complètement inconsciente du désir de réparation qui lui tenait lieu de projet de vie.

Penchons-nous, maintenant, sur un autre aspect de notre conditionnement inconscient : la perpétuation de schémas mentaux obsolètes.

Chapitre 5

LA PERPETUATION DE SCHEMAS MENTAUX OBSOLETES

Ce que nous montrent Raphaëlle, Claire, Carole, Alicia, Antoine, Adrien, Anna et bien d'autres, c'est que nous perpétuons des schémas mentaux obsolètes, comme l'illustre l'histoire drôle suivante : « Une vieille dame va à confesse : '' Mon Père, j'ai commis un péché : j'ai loué ma cave à un fugitif pour qu'il s'y cache ''. Le curé tente de réconforter la vieille dame en lui disant qu'elle a fait une bonne action. Celle-ci alors se récrie : '' Mais mon Père, c'est que je ne lui ai pas encore dit que la guerre était finie ! '' » Tel l'infortuné protagoniste de cette histoire, ne sachant pas que « la guerre est finie », nous entretenons des croyances et des comportements qui n'ont plus lieu d'être et qui sont de l'ordre de la survie. Antoine, par exemple, qui, au début de sa vie professionnelle, avait revécu la pénurie de son enfance, continuait à clamer qu'il vivait « *extrêmement modestement* » et était convaincu qu'il n'avait même pas les moyens de s'offrir une place de cinéma, alors qu'en réalité, il avait, depuis des années, de confortables revenus.

Plus que la dure réalité, ce sont ces schémas de pensée obsolètes qui font obstacle au déploiement de notre vie et au développement de notre potentiel. Pire : ces croyances profondément ancrées nous amènent à créer, inconsciemment, les circonstances qui viendront les confirmer. C'est ainsi que Carole ne choisissait pour partenaires que des hommes fragiles et immatures, incapables de lui donner l'amour auquel elle aspirait de tout son être, la confortant dans sa conviction très enracinée de ne rien valoir et de ne pas mériter d'être aimée.

Quoi de plus désespérant de toujours se retrouver dans les mêmes ornières ? Seule la mise en question du « prêt-à-penser » que constituent ces croyances infantiles peut nous permettre de sortir du cercle vicieux de la répétition. Seule la prise de conscience de ce que nous sommes les auteurs de notre réalité peut nous donner les moyens de la modifier. Mais comment alors ne pas nous en vouloir de provoquer nous-mêmes le malheur que nous redoutons ? Là est toute la difficulté ! Il importe donc de ne pas confondre l'assomption de la part que nous prenons dans la création de notre réalité, avec le sentiment de culpabilité sur lequel nous nous pencherons ci-après.

Auparavant, examinons cette compulsion de répétition mise au jour dans la théorie psychanalytique. Dans la deuxième partie de son œuvre, Freud achoppe sur le fait que ce sont des expériences manifestement déplaisantes qui sont répétées (quel singulier désir viendrait ainsi à se satisfaire ?) et finit par invoquer un « au-delà du principe de plaisir ».

De mon point de vue, il me semble que la compulsion de répétition vise non seulement à présentifier, pour y trouver une issue plus favorable, la situation traumatique, dans une mise en acte, un symptôme ou un rêve, mais aussi (et peut-être surtout) pour permettre au sujet d'en vivre la charge émotionnelle refoulée. Elle serait, comme tout symptôme dans la théorie freudienne, une tentative de guérison. Vue sous cet angle, elle semble plus supportable, mais elle ne peut atteindre son objectif que si nous participons *consciemment* à son processus en acceptant de vivre les émotions qui y sont associées. C'est ce que nous développerons dans la deuxième partie de cet ouvrage.

Pour l'heure, revenons au sentiment de culpabilité qui, si j'en crois les confidences qui me sont faites, semble fréquent dans notre vie psychique.

Chapitre 6

LE SENTIMENT DE CULPABILITE

S'il présente un intérêt dans les registres de la théologie et du droit, le sentiment de culpabilité est stérile, voire nuisible, dans le champ qui est le nôtre, celui de la croissance du potentiel intérieur. Il se traduit par une autoaccusation (« C'est de ma faute ») qui, sur son versant pathologique, fait le lit de la dépression et de la mélancolie, comme l'illustrent les cas d'Audrey, de Sandra et d'Odette.

Audrey est une jeune femme de vingt-cinq ans qui a perdu son frère depuis des années. C'était un frère aîné, idéalisé et adoré par Audrey qui n'avait que huit ans lorsque le drame est survenu. Cette perte brutale a été d'autant plus douloureuse pour Audrey que ce frère lui tenait lieu de père de substitution. Depuis le début de sa thérapie, Audrey se présente sous un jour mélancolique, notamment lorsqu'il est question de son frère disparu : « *J'aurais dû mourir à sa place. Il était le préféré de maman* » me dit-elle d'une voix à peine audible. C'est cet intense sentiment de culpabilité qui rend le deuil impossible pour Audrey comme pour Sandra :

Sandra, qui a la trentaine, m'est adressée par son médecin traitant quelques semaines après la mort de son jeune frère de dix-huit ans dans un accident de scooter. Sandra est en arrêt de travail. Depuis le drame, elle ne mange presque plus, ne dort quasiment pas et a perdu quatre kilos. C'est elle qui avait aidé son frère à s'offrir un scooter pour ses dix-huit ans. Au premier entretien, c'est en ces termes qu'elle exprime son sentiment de culpabilité : « *C'était moi qui l'aidait à s'envoler du nid. C'était avec moi qu'il avait choisi son scooter. J'en avais payé une partie. Je ne peux m'empêcher de me sentir coupable de l'avoir mis dans le mur. Je n'ai même plus envie d'avancer. Je n'ai plus de raison de vivre. J'aurais préféré ne pas être là pour voir ça. Je n'ai eu aucune chance de le sauver* » soupire-t-elle en s'accusant de la mort de son petit frère.

Cette autoaccusation est très fréquente dans les deuils, notamment quand la personne est décédée prématurément. Notons, au passage, que, du point de vue qui nous intéresse, son envers, l'hétéroaccusation (« C'est de ta faute ») s'avère tout aussi stérile, voire symptomatique, tout en présentant cependant l'avantage de soulager le sujet de son sentiment inconscient de culpabilité et de ménager son estime de soi. Le fait de blâmer les circonstances a le même effet de déculpabilisation et de narcissisation.

Quant à Odette, elle a la cinquantaine lorsque je la rencontre. Issue d'un milieu modeste, elle commence à travailler à dix-sept ans dans la vente. Elle se marie peu après et donne rapidement naissance à deux fils, avant de divorcer au bout de douze ans de vie commune. Son mari ayant eu des démêlés avec la justice, Odette vit dans la hantise que ses fils ne marchent dans les pas de leur père, et surtout dans une honte omniprésente. Au fil de la thérapie, il apparaît que ce sentiment de honte si envahissant remonte à sa préadolescence quand, de dix à douze ans, elle avait été victime d'attouchements sexuels de la part d'un proche, ce dont elle n'avait, jusqu'alors, jamais osé parler, tant elle se sentait coupable de ce qu'elle avait subi. Aujourd'hui, Odette a une image d'elle-même très dégradée : elle est convaincue de ne rien valoir et, culpabilité oblige, de n'avoir pas droit au bonheur. Elle souffre d'angoisses d'abandon et se reproche jusqu'à son existence.

Carole aussi nous donne un bel exemple du sentiment de culpabilité quand elle affirme que, si elle n'est pas aimée, c'est parce qu'elle ne le mérite pas. C'est précisément ce que se dit tout enfant confronté à la carence affective. Face à des parents défaillants, l'enfant, en partie pour préserver l'image idéale qu'il s'en fait, ne peut que conclure que c'est de sa faute, que s'il n'est pas aimé comme il est en droit de l'attendre, c'est parce qu'il n'est pas digne d'amour. Le premier mouvement de l'enfant consiste donc à se mettre en cause, à se déclarer coupable de ce qui lui arrive, et à en tirer une conclusion - négative - sur lui-même.

Si, à l'adolescence, l'image idéalisée des parents devient plus nuancée, la conclusion tirée par l'enfant sur lui-même, quoique devenue inconsciente, n'en demeure pas moins présente, et c'est elle qui émerge lors de chaque circonstance douloureuse : « Si on me rejette, si je ne suis pas intégré(e), pas aimé(e), pas heureux(se) en amour, c'est de ma faute : c'est parce que je ne suis pas digne d'être aimé(e) ».

Cette conclusion fait le lit de la mésestime de soi et de son corollaire, la dépression, qu'elle entretient. Autant dire qu'elle est nuisible, et que toute démarche psychothérapeutique suppose d'en prendre conscience : « Quelles conclusions ai-je tirées sur moi-même lorsque j'étais enfant ? Ces conclusions sont-elles encore d'actualité ? Me sont-elles, maintenant, d'une quelconque utilité ? Y a-il, aujourd'hui, une conclusion qui serait plus appropriée à la situation présente ? »

Pour clore le sujet, j'ajouterai que la culpabilité n'est pas sans lien avec le point de vue égocentrique, que nous allons maintenant aborder.

Chapitre 7

LE POINT DE VUE EGOCENTRIQUE

Si l'enfant tire une conclusion négative sur lui-même, c'est en partie pour préserver ses parents, dont il dépend pour sa survie, mais aussi parce que son immaturité ne lui permet pas d'avoir une vue d'ensemble et objective de la réalité. Dès que son moi apparaît, vers l'âge de deux ans, l'enfant a tendance à adopter un point de vue égocentrique, c'est-à-dire à voir les situations auxquelles il est confronté à travers le prisme de son moi, sans pouvoir intégrer, d'emblée, la réalité et le point de vue de l'autre.

Ce fonctionnement archaïque, un temps nécessaire au développement et à la survie de l'enfant, peut perdurer à l'âge adulte, ce qui est loin d'être rare, comme l'illustrent les comportements suivants : ne considérer que son point de vue et ne voir que son intérêt propre, répondre à ses besoins ou satisfaire ses désirs sans considération pour ceux d'autrui, se valoriser aux dépens d'autrui, attaquer l'autre pour se défendre ou se déculpabiliser, utiliser et manipuler l'autre à ses propres fins, vouloir se venger, etc.

Il est à noter que l'égocentrisme ne se manifeste pas seulement dans ce type de comportements mais qu'il peut aussi se dissimuler sous le masque de l'altruisme et des meilleures intentions, ainsi que nous pouvons le voir dans l'histoire de Rosana :

Issue d'une famille modeste d'origine étrangère, Rosana a été, très jeune, livrée à elle-même. Son père, atteint d'une maladie psychique chronique, était tout aussi incapable d'assumer ses fonctions professionnelles que familiales, contraignant sa mère à travailler. Certes, Rosana n'a jamais eu ni faim ni froid, mais elle a manqué de la présence et de l'attention de ses parents, ainsi que de tous les biens matériels dont jouissaient ses camarades de classe. Déterminée à s'en sortir, elle fait des études paramédicales et, le diplôme en poche, n'a plus qu'un seul désir, celui de fonder une famille. Pour le réaliser, elle n'hésite pas à recourir aux sites de rencontre sur Internet et à quitter son pays, puisque c'est un Français, Gérard, qui demande sa main. De cette union naissent deux enfants. Rosana pourrait s'estimer comblée, mais elle découvre, au moment où son mari devient père, que sa conception de l'éducation des enfants diffère grandement de la sienne, ce qui est source d'incessantes tensions au sein du couple. Rosana demande alors un soutien psychologique. Elle m'explique, dans un récit entrecoupé de larmes, que son mari est « *malade* » et que « *c'est lui qui aurait besoin de voir un psy car il ne supporte pas ses enfants* ». Au fil des séances, il apparaît que Rosana tente d'enfouir sa souffrance infantile toujours très présente en la niant (de son point de vue, ce n'est pas elle qui est souffrante, mais son mari) et qu'elle entretient une relation fusionnelle avec ses enfants dans laquelle toute intervention du père est vécue comme nocive. « *Je veux donner à mes enfants tout ce que je n'ai pas eu* », me confie-t-elle dans un sanglot. Alors Rosana leur dit toujours oui, de peur de créer en eux la frustration qui fut la sienne dans son enfance. Derrière cette bonne intention se cache, outre une absence de repères, l'égocentrisme de Rosana qui non seulement a peur de ne pas se faire aimer de ses enfants si elle leur met des limites (pourtant bien nécessaires) mais aussi tente de se réparer à travers eux. Précisons qu'il ne s'agit pas tant de donner à nos enfants ce que nous n'avons pas eu que ce dont ils ont besoin pour devenir des adultes équilibrés et mûrs. Cela ne va pas sans quelques limites et frustrations…

C'est aussi le point de vue égocentrique qui est à l'origine de l'interprétation personnelle que nous donnons des faits et qui nous fait tant souffrir. Copernic, avec l'héliocentrisme, a délogé l'être humain de son géocentrisme ; Darwin, avec la théorie de l'Evolution, l'a délogé de son biocentrisme ; qui, si ce n'est lui-même, va déloger l'être humain de son égocentrisme ? Ce n'est pas seulement l'univers qui est immense, c'est aussi l'être humain, à condition qu'il ne se réduise pas à son petit moi, donc qu'il devienne pleinement adulte. Vaste entreprise qui ne semble intéresser véritablement qu'une minorité de nos contemporains…

Chapitre 8

LA DEPENDANCE ET L'IMMATURITE

« *Je sens que je décolle des adhérences à ma mère* ». C'est par cette belle métaphore qu'Alicia me décrit son processus d'autonomisation psychique. Devenir adulte suppose de sortir de la dépendance qui est celle de l'enfant. Or, de nombreux adultes maintiennent une forme ou une autre de dépendance : à quelqu'un ou à quelque chose (au tabac, à la nourriture, à l'alcool, aux drogues, aux médicaments, au téléphone portable, au travail, à la télévision ou à l'ordinateur, aux jeux, aux biens de consommation, au plaisir sexuel, au succès ou au pouvoir, etc.). La dépendance à l'autre génère une incapacité d'être seul(e), une impossibilité de dire non, une recherche permanente d'attention ainsi que d'approbation, associée à une peur du jugement, du rejet et de l'abandon. Elle a souvent pour corollaire une carence de l'estime de soi, associée à un besoin constant de se valoriser. Cette dépendance peut être à l'origine d'une vie d'aliénation, comme celle qu'a menée Amélie.

Fille et petite-fille de diplomates, Amélie voue une admiration sans bornes à son père, distant et très absorbé dans ses activités professionnelles. Se sentant incapable de marcher dans ses pas, elle renonce, après un échec, à faire des études universitaires et décide de se consacrer à sa vie de famille. Elle a rencontré un étudiant brillant qui l'épouse et lui donne quatre enfants à l'éducation desquels elle se voue entièrement pendant plus de vingt ans. C'est au moment où sa benjamine prend son envol qu'Amélie apprend l'infidélité de son mari devenu un universitaire reconnu dans son domaine. Son univers alors s'écroule et Amélie songe à mettre fin à ses jours. C'est dans ce contexte dépressif qu'elle me consulte pour la première fois. Sa thérapie met au jour une dépendance à un mari substitut paternel. Ce qui semblait n'être qu'abnégation était aussi une dépendance à un objet d'amour idéalisé qui compensait, en partie, la carence narcissique d'Amélie. Pour se prémunir contre la perte de son objet d'amour, Amélie a toujours été disponible, s'est littéralement mise à son service, s'oubliant, se rendant indispensable, jusqu'au jour où les circonstances de sa vie l'ont amenée à se demander ce à quoi elle servait maintenant que ses enfants étaient partis et que son mari en désirait une autre... Amélie se dit atteinte du « *syndrome de la ménagère de cinquante ans* ». Pour retrouver un sens à sa vie, elle doit affronter la peur de perdre son brillant mari dans l'ombre duquel elle vivait jusqu'alors, et accéder, en se forgeant une saine estime de soi, à l'indépendance qui signe le statut d'adulte et permet d'entrer dans la Vie Consciente.

Natacha, quant à elle, est une exquise jeune femme d'une vingtaine d'années que la vie semble avoir comblée de ses dons : issue d'une famille aisée qui l'a désirée, Natacha est aussi belle qu'intelligente. Pourtant, elle est en échec. Après son baccalauréat, Natacha a entrepris plusieurs cycles universitaires qu'elle a abandonnés sous un prétexte ou un autre, quand elle ne s'est pas sciemment sabotée. La pertinence de son introspection contraste avec la situation dans laquelle elle s'enlise : « *J'ai l'impression que mon échec était volontaire. Plus j'échoue, plus je reste à la maison, et plus ma mère peut exercer son rôle de mère en m'ayant sous la main. Je cherche à la rendre heureuse comme ça. Je me suis demandé si ce n'était pas aussi une manière de rechercher son amour ».* Tout est dit. Natacha voit sa dépendance affective tout comme celle de sa mère qui tente de garder la mainmise sur elle en l'infantilisant. De surcroît, l'échec scolaire semble être le meilleur moyen pour Natacha d'attirer l'attention d'un père distant et... enseignant ! C'est un homme effacé, sous l'emprise de son épouse, qui reproche à Natacha non seulement ses échecs scolaires à répétition, mais aussi de « *faire du mal à sa mère* » avec ses velléités d'indépendance. Notons que ce ne sont pas seulement ses études qui en pâtissent, mais aussi sa vie relationnelle : pour être sûre de ne pas être « *étouffée* » par ses amants comme elle l'est par sa mère surprotectrice, Natacha n'a eu de relations amoureuses qu'avec des hommes mariés et plus âgés qu'elle (pères de substitution ?), les seuls qui trouvent grâce à ses yeux. Pour plus de sûreté, le dernier amant en date était un étranger de passage en France. Le caractère illicite de ces liaisons présente le double avantage de la rassurer tout en lui faisant croire qu'elle s'émancipe. Natacha, qui ne veut pas plus déplaire à son père qu'à sa mère, n'a trouvé d'autre solution que l'échec pour maintenir le statu quo familial. Menée par l'enfant insécurisée en elle, Natacha est prête à hypothéquer son avenir pour tenter de s'assurer l'amour parental. Elle se déprime, se renferme et passe son temps à ruminer. C'est dans ce contexte qu'elle demande à faire une psychothérapie, et qu'elle apprend, non sans quelques craintes, que sa sœur aînée est, pour la première fois, enceinte. Natacha va-t-elle saisir cette opportunité de céder la place de l'enfant de la famille (à laquelle s'agrippe désespérément la petite fille en elle) et prendre son envol ? « *J'ai l'impression d'être tout le temps enfermée dans ma tête !* » s'exclame-t-elle, non sans pertinence, en réalisant qu'il va lui falloir, au préalable, sortir de l'enfer des pensées.

Chapitre 9

L'ENFER DES PENSEES ET DE L'IDEAL

Prisca est une belle jeune femme, intelligente et cultivée. Nul ne se douterait, en la croisant, que sa vie est un enfer, pavé de pensées. Ecoutons-la nous le décrire très finement : « *Dès que je vais avoir un bon moment, automatiquement mon cerveau va me dire : " Ne te réjouis pas, quelqu'un peut mourir ", ou : " Tu peux mourir d'une seconde à l'autre ", ou bien : " Tu n'as aucune raison d'être heureuse puisque tu vas mourir ". J'ai tendance à me persécuter avec mes pensées. Mon cerveau est là pour me rappeler la réalité : on va tous mourir. Ce n'est pas lui qui divague, c'est moi qui essaie de me voiler la face. Je passe mon temps à me répéter les choses négatives pour me forcer à ne pas les oublier. Je me force tous les jours à penser aux gens qui sont morts. Je lutte constamment en sachant que ce n'est pas une position tenable de passer ma vie à anticiper les choses négatives. J'essaie de me raisonner, mais c'est un épuisement total parce que je suis obligée de le faire presque à chaque seconde. C'est une lutte interne permanente. Il faut toujours que j'intellectualise tout, jour et nuit, et ça m'épuise. Je n'arrête pas de penser, même quand je fais du sport. Quand je suis au travail, je ne pense pas à moi, mais dès que je me retrouve seule, mes pensées obsessionnelles reviennent. J'ai l'impression que mon cerveau est très cruel avec moi.* »

On enseigne aux apprentis méditants que la méditation - définie comme un état d'observation neutre des pensées - consiste à s'exercer, dans des conditions privilégiées, au mode d'être qui devrait être le nôtre à chaque instant. Or, dans la réalité de notre quotidien, contrairement à Prisca, non seulement nous sommes rarement conscients de nos pensées en tant que pures manifestations du mental, mais, de surcroît, nous les entretenons, les bichonnons et, bien souvent, les érigeons en vérités absolues.

Dans ma pratique professionnelle, la plainte concernant un envahissement du champ de conscience par les pensées est récurrente : « *Je me fais du mal parce que je n'arrête pas de penser. Je me torture. Plus on est seul et plus on rumine* », me disait Antoine. Simone, la soixantaine, constate : « *J'ai été malade de pensées depuis mon plus jeune âge. Dès que je me réveille, la machine à penser se remet en marche. C'est fou le nombre de pensées qui me traversent, donc je ne suis jamais là !* ». Pour Benjamin, arrêter de fumer paraît beaucoup plus simple que d'arrêter de penser. Ludovic, lui, constate que ses pensées sont un frein à l'action : « *Je suis tétanisé par mes pensées qui m'empêchent d'agir. Je suis complètement englué dans mes pensées et ne fais rien. J'aimerais bien ne penser à rien, et agir* ». Quant à Carole, c'est en ces termes qu'elle décrit sa défiance, justifiée, envers un mental omniprésent et envahissant : « *Je réfléchis trop et ça m'angoisse. J'ai peur de ce que je pense. Si je fume des joints, c'est pour m'anesthésier et moins penser. C'est comme un médicament qui apaise ma souffrance en m'empêchant de me confronter à ces pensées déprimantes. Et je me sens moins seule. Cela vient combler une sorte de vide que j'ai tendance à remplir de pensées. Plus je suis seule, et plus je rumine. Les seules fois où je n'ai pas fumé, c'était quand j'étais enceinte parce qu'alors, je n'étais pas seule avec mes pensées. Il y avait quelqu'un en moi. De fumer mon pétard le soir, ça me rassure : je me sens moins seule* ». Anita, quant à elle, fait un lien entre ses malaises et ses pensées, avant de conclure : « *Les pensées ne sont pas nos meilleures amies, ce sont même parfois nos pires ennemies* ». On ne saurait mieux dire...

Philippe Dautais, dans son ouvrage intitulé *Eros et liberté*, se montre tout aussi circonspect quant aux productions du mental et à leurs conséquences : « La culture de l'étonnement et de l'émerveillement ouvre sur la dimension sublime de la vie, elle ne peut se conjuguer avec les macérations du mental. Pour favoriser la première, il est nécessaire de s'affranchir des cogitations et du flot des pensées qui obscurcissent notre regard [1] ».

Il convient d'ajouter que la pensée a pour corollaire l'idéal [2] dont on sous-estime les effets délétères quand il sert de point de comparaison. L'idéal est pure pensée, une fiction à laquelle nous nous jaugeons ou jaugeons autrui, et par rapport à laquelle nous évaluons en permanence les événements de notre vie, telle Suzanne, parlant d'elle-même, puis des relations avec son fils : « *Quand j'étais petite, je me disais que je n'étais pas aimée parce que pas aimable et qu'il me fallait donc être parfaite pour être aimée. Maintenant encore, j'aspire à être parfaite, pour être aimée. Je fais la même chose avec Cédric. Je me dis que je ne peux pas vraiment l'aimer parce qu'il n'est pas comme j'aimerais qu'il soit et qu'il ne répond pas à ma demande. Je n'ai pas su créer avec lui des relations mère-fils telles que je les idéalisais* ». Voilà le mental à l'œuvre, que l'on peut ainsi définir : « Le mental est le mécanisme

---

[1] Philippe Dautais, *Eros et liberté, Clés pour une mutation spirituelle*, Paris, Nouvelle Cité, 2016, p. 95.
[2] Au sens ordinaire du terme : la perfection (le scénario idéal de la situation) que l'on souhaiterait, sans tenir compte de la réalité.

de pensée qui oppose à la situation réelle l'idéal de la situation qui aurait dû se produire [3] » (selon nous !).

En Occident, la pensée a été surévaluée, notamment depuis Descartes qui, avec son *Cogito*, en a fait un équivalent de l'être : « Je pense, donc je suis ». Or, j'observe que notre souffrance psychique est en grande partie liée à la suprématie de la pensée dans notre monde interne. Ce précieux outil de travail est devenu, pour la plupart de nos contemporains occidentaux, une source de tourment : « Je pense, donc je souffre » pourrait être notre devise.

« *Je ne fais que penser tout le temps. A force de penser, ça ne va pas bien* » me confiait Benjamin qui, ayant identifié la source de son mal, n'avait trouvé, lui non plus, d'autre remède que la toxicomanie : « *La drogue, c'est la seule chose qui me fasse arrêter de penser* ». On comprend que, dans une société où le mental est si hégémonique et la vie de plus en plus virtuelle, non seulement l'usage des divers toxiques, y compris l'alcool, mais aussi le recours à l'hypersexualité comme tentative de réinvestir le corps, soient si répandus. Même la prière est entendue par la majorité d'entre nous comme une activité purement cérébrale. « Or c'est l'être qui doit être priant, et non la tête ! [4] » nous dit Annick de Souzenelle.

Comment dire, mieux que ce patient mélancolique, la tyrannie et l'enfer des pensées ? : « *Quand je suis dans mes pensées, elles me dominent ; ça rumine tout le temps. J'ai l'impression de devenir fou. Alors, j'en viens toujours à me dire que la mort serait le seul état où la pensée s'arrêterait* ». N'y aurait-il donc point de remède moins nocif que les toxiques, ou moins radical que le suicide ?

---

[3] Dr Christophe Massin, *Souffrir ou aimer, Transformer l'émotion*, Paris, Odile Jacob, 2013, pp. 126-127.
[4] Annick de Souzenelle, *La Parole au cœur du corps, Entretiens avec Jean Mouttapa*, Paris, Albin Michel, coll. Espaces libres, 1997, p. 59.

Et un usage moins délétère de la pensée - qui semble être devenue la drogue non seulement la plus répandue dans notre monde moderne mais aussi la plus insidieuse car, hormis dans le bureau du psychothérapeute, elle passe totalement inaperçue - ? Quelle saine activité pourrait nous aider à désinvestir, ne serait-ce qu'un moment, le niveau mental et à sortir de nos incessantes ruminations ? Perla nous livre sa solution : « *Quand je chante, et après le chant, ça chante en moi, et tant que ça dure, il n'y a plus de place pour les pensées* ». Quelle est *votre* solution ?

Je clôturerai ce chapitre avec une réflexion sur l'éducation : Apprendre à nos enfants à vivre davantage dans leur corps et moins dans leur tête, ce qui passe par une vie en prise directe sur la réalité concrète du monde, donc par une déconnexion du monde virtuel des écrans, et par une validation de leur *ressenti* (en mettant des mots sur leurs émotions), constituerait non seulement une prévention de ce mal du siècle qu'est l'addiction aux pensées, mais aussi une introduction à la Vie Consciente.

Deuxième partie

ENTRER DANS LA VIE CONSCIENTE

Chapitre 1

UN AU-DELA DE LA THERAPIE

A la faveur de ma propre psychothérapie et de celles que je conduis, il m'est apparu que la découverte des raisons de nos maux satisfait notre légitime besoin de compréhension, mais ne réduit guère l'intensité de notre souffrance.

J'ai aussi constaté que le fait de rendre conscient l'inconscient (selon la théorie freudienne), de traverser le « fantasme fondamental » (selon la théorie lacanienne), de décharger l'émotion attachée au trauma (selon la thérapie émotionnelle), ou de travailler sur le lien entre les pensées et les émotions (selon le cognitivisme) nous aide à composer avec le symptôme, ce qui est déjà très précieux, mais ne nous permet pas de sortir du champ étriqué de l'ego qui nous emprisonne.

De surcroît, il m'est apparu que l'entrée dans la Vie Consciente favorise un au-delà de l'ego et, par conséquent, une sortie de l'inconscient, donc de l'infantile, dans lequel s'enracine toute souffrance psychique personnelle. Celle-ci n'a qu'une cause : l'ego, ou le moi, et ses pensées autocentrées.

« Le moi n'est qu'une petite partie de la personnalité. C'est essentiellement l'image mentale du corps (…) C'est aussi une fonction de synthèse (…) Mais nous nous enkystons dans ce corps en nous construisant une illusion d'autonomie [1] ». « Il s'agit de voir que le moi, qui est un complexe comme les autres, est ce qui est à dépasser [2] ».

Vouloir se libérer de l'ego est un projet ambitieux et exigeant, qui, à mon sens, sort du cadre limité de la psychothérapie stricto sensu dans la pratique courante, et de celui de ce modeste ouvrage. Je renvoie donc le lecteur intéressé à l'abondante littérature disponible sur ce sujet.

Toutefois, un certain travail sur soi, décrit ci-après, peut permettre, à condition d'être effectué sans relâche, de se dégager petit à petit de l'emprise totalitaire de l'ego et d'échapper quelque peu à son déterminisme aliénant.

Ce travail sur soi ne peut se faire sans une préalable auto-observation, autrement dit sans un patient travail de présence à soi-même - notamment au corps, aux émotions et aux pensées - sur lequel nous allons maintenant nous pencher plus précisément.

---

[1] Marc-Alain Descamps, Michel Cazenave, Anne-Marie Filliozat, *Les Psychothérapies Transpersonnelles*, Lavaur, Editions Trismégiste, 1990, p. 114.
[2] *Ibid.*, p. 28.

Chapitre 2

LA PRESENCE A SOI-MÊME

La Vie Consciente commence par la présence à soi-même qui nous est d'autant moins naturelle que la vie actuelle nous pousse, par ses incessantes sollicitations, à diriger notre attention sur l'extérieur : au moyen de la technologie moderne, nous sommes en permanence et de plus en plus reliés au monde et de moins en moins à nous-mêmes, donc peu conscients de ce qui se passe en notre for intérieur. Autant dire que la civilisation occidentale actuelle est peu propice à *l'intériorisation de l'attention* qui est pourtant bien nécessaire à toute croissance intérieure. Je dirais même que c'est un véritable prodige que de parvenir à s'intérioriser dans une société où tout concourt à nous extraire de nous-mêmes.

De surcroît, eu égard à la souffrance qui est le lot de l'humanité, grande est la tentation de nous focaliser sur l'extérieur. La présence à soi-même requiert un certain courage, et il est souvent plus facile de se fuir dans les multiples divertissements ou anesthésiants à disposition - il n'y a que l'embarras du choix - que d'être en tête-à-tête avec soi-même...

Pour ceux qui feraient le choix d'une vie plus consciente, l'intériorisation de l'attention constitue un outil précieux de connaissance et de transformation de soi.

Elle suppose de prendre conscience de notre corps, de nos émotions et de nos pensées.

1. Habiter notre corps

Vivre dans notre corps semble être une évidence, or, la plupart du temps, nous n'avons aucune conscience de notre enveloppe corporelle, sauf peut-être de son apparence, et il nous faut ressentir quelque douleur pour qu'elle se rappelle à notre bon souvenir. Si nous sommes ainsi « dissociés » de notre corps, c'est parce que, bien souvent, nous avons « la tête ailleurs ». Il y a pourtant de grands bénéfices, tant physiques que psychiques, à vivre dans notre corps, à véritablement l'habiter.

Pour ce faire, nous pouvons porter notre attention sur nos sensations (agréables ou pas), sur notre posture (droite ou avachie), notre musculature (contractée ou relâchée), notre mimique, notre intonation, nos mouvements, etc. Avoir conscience de notre corps est fondamental pour notre bien-être, comme l'a découvert Carole lorsqu'elle a éprouvé le besoin de compléter sa psychothérapie par un travail corporel : « *A la première séance, j'avais l'impression que mes jambes étaient mortes. Maintenant, j'ai davantage de sensations. Je n'ai plus besoin de fumer des joints pour partir ailleurs. Je peux accueillir et ressentir la tristesse en moi. Ce travail m'a aidée à prendre conscience de certains blocages au niveau de mon corps et à revenir à lui. Il m'a aidée à concilier le physique et le psychique. Mon corps est ma maison, ma maison est mon amie, mon corps est mon ami. Je me sens mieux. Quand je me suis mise à fumer, c'était pour fuir cette sensation d'oppression. Maintenant, j'arrive à me centrer sur moi. C'est important d'être en soi* ». J'ajouterai qu'être bien dans son corps est un véritable cadeau, pour peu que l'on y prête attention...

Au niveau physique, cette conscience du corps nous donne des informations utiles qui nous permettent de répondre adéquatement à nos besoins fondamentaux : il est, par exemple, important de repérer la sensation de satiété si l'on ne veut pas manger plus que nécessaire, mais aussi les tensions musculaires inutiles, à l'origine de déperdition d'énergie et de contractures, une mauvaise posture, une respiration superficielle, une douleur qui commence à poindre, un besoin non satisfait… La santé physique, si convoitée, suppose d'être à l'écoute de notre corps et des messages qu'il nous envoie, autrement dit de sans cesse revenir à nous-mêmes.

Au niveau psychique, les bénéfices de la conscience du corps sont aussi précieux. Ecoutons encore Carole : « *Je me suis rendue compte qu'à chaque chose que je fais, je suis ailleurs. Je suis tout le temps en train de tout anticiper. C'est très angoissant et cela me rend malade. C'était un fonctionnement que j'avais quand j'étais enfant : je me projetais beaucoup dans l'avenir pour échapper à mon présent. A l'époque, cela m'aidait, mais, maintenant, ce n'est plus possible ! Je ne suis plus une enfant ! Je ne vais pas continuer à me dire ''moi, plus tard'' à soixante ans ! C'est ''moi, maintenant !''* ».

Comme l'a bien compris Carole, la conscience du corps nous permet de cultiver un rapport sain à la réalité. En effet, le fait de ramener notre attention sur le corps nous permet de nous ancrer dans le présent, de nous tenir dans l'ici et maintenant, de prendre appui sur la réalité de ce qui est. Ainsi pouvons-nous échapper aux stériles ruminations du passé et aux angoissantes anticipations négatives de l'avenir. Cet effort d'attention permet à la conscience humaine de regagner son habitacle naturel, le corps, qui est dans le présent.

Un autre bénéfice psychique, et non des moindres, à la conscience du corps, est qu'elle nous permet, comme le souligne le Docteur Christophe Massin [1], d'accroître notre sentiment de sécurité intérieure. C'est ce qu'a expérimenté Raphaëlle en renouant avec sa passion de jeunesse pour l'équitation : « *Quand je suis sur mon cheval, je retrouve un plaisir d'enfant. Cela me vide la tête. Je ne suis plus envahie par mes sujets d'inquiétude habituels. J'arrive à chasser les pensées négatives. Même physiquement, je me sens plus à l'aise, alors qu'avant, je ne savais pas où me mettre. Je me sentais toujours coupable d'être là, et j'avais toujours peur de déranger. Maintenant, si on me dit que je dérange, ce n'est pas grave ! J'ai le droit d'être là* ».

Quand il leur arrive d'être trop oublieuses de leur corps, certaines personnes recourent à des pratiques plus ou moins symptomatiques (le tatouage, le piercing, les scarifications, l'automutilation...) pour renouer avec lui et ressentir une souffrance physique parfois plus supportable que la souffrance psychique... Freud n'avait-il pas vu juste quand il affirmait que le symptôme est une tentative de guérison ? En plus d'une souffrance psychique insupportable, de quoi celui qui s'inflige une telle souffrance physique cherche-t-il à guérir si ce n'est de ce divorce entre le corps et la conscience ?

2. L'accueil des émotions

Les émotions sont innées et le lot de tout être humain. Elles peuvent être considérées comme un flot d'énergie, plus ou moins submergeant. Nous pourrions dire que, tout comme nous avons un capital génétique, nous avons un « capital émotionnel ». Il n'y a pas lieu de se sentir plus coupable du second que du premier. Nos émotions font

---

[1] Dr Christophe Massin, *Une Vie en confiance, Dialogues sur la peur et autres folies,* Paris, Odile Jacob, 2016, p. 122.

partie de nous-mêmes et, à moins de nous anesthésier, nous ne pouvons éviter leur surgissement. Alors pourquoi ne pas les accueillir consciemment ?

L'accueil des émotions est un travail de chaque instant, ou presque, qui nécessite une décision personnelle et un engagement dans un travail sur soi, lequel requiert six conditions préalables :

- dissocier l'émotion de la situation dans laquelle elle a émergé (c'est probablement ce qui est le plus difficile à faire pour la majorité d'entre nous) ;
- ne pas réprimer l'émotion ;
- ne pas systématiquement l'exprimer ;
- ne pas agir sous son emprise ;
- ne pas la juger ni nous juger ;
- accepter de la ressentir.

La croyance selon laquelle c'est la situation extérieure qui provoque notre vécu émotionnel est très répandue et profondément enracinée en nous. Elle a une fonction défensive importante et la plupart d'entre nous ne peut y renoncer. Elle semble confortée par le concept psychiatrique de « dépression réactionnelle ». Mais la réalité est plus complexe : la situation dans laquelle l'émotion est apparue n'est que le déclencheur d'une émotion qui préexiste en nous. Les circonstances jouent un rôle de catalyseur et ne sont en général pas à blâmer. En effet, une même situation ne va pas déclencher la même émotion chez tout le monde, ni une émotion de même intensité. Chacun réagit en fonction de son « capital émotionnel », ou de son tempérament, autrement dit, de son histoire. L'extérieur agit comme le révélateur de ce que nous portons en notre for intérieur. La cause première de notre souffrance réside donc en nous-mêmes. N'en déplaise à Jean-Paul Sartre, l'enfer, ce n'est pas tant les autres que soi-même ! Ce qui peut sembler être une mauvaise nouvelle en est, en réalité, une bonne, car si la cause première de notre souffrance réside en nous-mêmes, nous pouvons alors cesser d'attendre vainement une solution extérieure et agir sur sa véritable cause, à l'intérieur de nous.

Pour tenter d'échapper à la souffrance, nous sommes enclins à la répression des émotions désagréables, mais cela n'apporte qu'un bénéfice transitoire : toute émotion refoulée ressurgira tôt ou tard, souvent de manière inappropriée et dans des circonstances étrangères à son contexte d'apparition, éventuellement se manifestera par des symptômes psychiques ou corporels, voire les deux.

L'expression de l'émotion peut sembler nécessaire à la réduction de la tension qu'elle génère en nous. Elle n'est cependant pas toujours appropriée et peut être source, a posteriori, de sentiments de culpabilité assortis d'auto-reproches. Exprimer les émotions pénibles peut apporter un soulagement temporaire mais, à long terme, contribue à leur perpétuation. Manifester ponctuellement une saine colère peut, par exemple, favoriser l'affirmation de soi ou la sortie d'un état dépressif, mais se mettre régulièrement en colère ne fait, en général, qu'entretenir cette émotion (cf. Antoine). Concernant l'expression de la tristesse au moyen des larmes, elle semble être le plus souvent bénéfique, à condition de ne pas s'y complaire. « *J'ai vraiment pleuré mon chat, donc je ne pleure plus mon chat* », m'a judicieusement dit Carole.

Ne pas agir sous l'emprise de l'émotion semble être une évidence si nous ne voulons pas être emportés par elle et proférer des paroles ou commettre des actes que nous regretterions par la suite. C'est probablement la plus connue des conditions du travail sur l'émotion, mais pas la plus respectée si nous en jugeons par tout ce qui se dit ou se fait sous le coup de la colère, de la peur, de la jalousie ou de la haine…

Juger l'émotion nous fait sortir du registre émotionnel pour nous replonger dans celui de la pensée. Outre que le jugement ne nous permet pas de travailler sur l'émotion, il rajoute de la souffrance à la souffrance (on porte rarement un jugement sur une émotion agréable, ou un jugement positif sur une émotion pénible). Il est donc, dans le travail qui nous intéresse ici, inutile et contre-productif. Nous juger négativement parce que nous avons ressenti une émotion que nous réprouvons, comme la colère, la peur, la jalousie, ou la haine, c'est nous confondre avec l'émotion, et nous y réduire. Nous ne sommes pas nos émotions, même si celles-ci sont en nous.

Seul l'accueil de l'émotion telle qu'elle se lève en nous, en la voyant comme ce qu'elle est, c'est-à-dire *seulement* une émotion, peut nous permettre d'en faire, en quelque sorte, bon usage. Accueillir l'émotion, c'est accepter de la ressentir, en la dissociant de la situation qui l'a déclenchée, pour éviter de ruminer sur cette dernière et de se méprendre sur sa cause première. Lorsqu'elle est agréable, nous acceptons bien volontiers de le faire, mais lorsqu'elle est désagréable, nous voulons à tout prix nous en débarrasser… Cela est bien compréhensible, mais ce n'est qu'en acceptant de ressentir nos émotions, de les vivre consciemment, que nous pourrons épuiser notre « capital émotionnel » et nous dégager, petit à petit, de leur emprise.

Voir les circonstances douloureuses de notre vie comme une opportunité d'épuiser notre « capital » d'émotions pénibles peut nous permettre de porter sur elles un autre regard, et de mieux les supporter. Il est à noter que ce qui est vrai des émotions pénibles l'est aussi de ce fléau moderne qu'est l'angoisse : notre « réservoir » d'angoisse peut, lui aussi, se vider, à condition d'accepter de… ressentir l'angoisse ! Bon, voilà qui ne va pas profiter aux laboratoires pharmaceutiques, mais comme seule une minorité acceptera un tel programme, ils n'ont pas trop de soucis à se faire…

En accueillant nos émotions, nous pouvons repérer ce qui nous met en colère, ce qui nous rend tristes ou joyeux, ce qui nous fait peur ou nous attire, ce qui nous fait honte ou plaisir... donc apprendre à nous connaître, et ainsi à anticiper nos réactions qui, de ce fait, seront moins susceptibles de nous emporter. Nous pouvons aussi remarquer une disproportion entre un événement et la réaction émotionnelle qu'il a déclenchée. Cette disproportion est un indice précieux dont nous reparlerons.

Ajoutons que les émotions ont un retentissement corporel (on sent la colère monter, la peur nous nouer le ventre, le chagrin nous serrer la gorge…) et qu'il est capital, pour ne pas nous laisser emporter par elles, de simplement accepter de les ressentir, *en nous focalisant sur leurs manifestations corporelles*, qu'elles soient agréables ou désagréables. Il s'agit donc de désinvestir le registre du mental (les stériles ruminations sur la circonstance déclenchante) pour investir le corps (les sensations), autrement dit, de désinvestir l'extérieur au profit de l'intérieur. Dans la présence à nous-mêmes, nous verrons les émotions apparaître et disparaître, sans laisser de traces, pour peu qu'elles aient été véritablement accueillies…

D'après mon expérience, ce n'est qu'après avoir consciemment accueilli le vécu émotionnel lié à la situation déclenchante que nous pouvons fructueusement nous interroger sur ce qui s'y est rejoué, et voir clairement ses enjeux psychoaffectifs inconscients. La prise de conscience des enjeux inconscients liés aux situations me semble en effet facilitée lorsque nous nous sommes dégagés du vécu émotionnel qui nous submerge et nous aveugle. Alors seulement pouvons-nous voir ce qui s'est répété pour nous dans cet échantillon de vie. D'ordinaire, nous voulons juste comprendre notre fonctionnement, et éviter le ressenti désagréable. Or, comme je l'ai déjà souligné, la compréhension intellectuelle est utile, mais insuffisante. Elle peut donner un sens à la souffrance, sans toutefois permettre d'en sortir complètement, d'où, me semble-t-il, les limites des psychothérapies qui reposent uniquement sur la parole et escamotent cette première phase du travail sur soi.

Ce travail en deux phases est à renouveler autant de fois que nécessaire, jusqu'à « épuisement du stock émotionnel ». C'est précisément ce que viserait la répétition de la situation. Il ne s'agit donc plus de nous blâmer de nous être mis, une fois encore, dans de beaux draps émotionnels, mais de nous demander ce que la situation en question nous apprend sur nous-mêmes, et de l'accueillir comme une opportunité de transformation de soi.

3. Observer nos pensées

La présence à soi-même suppose, outre la prise de conscience de notre corps et de nos émotions, de porter notre attention sur nos pensées. La première chose que nous constatons est leur omniprésence : rares, très rares, sont les moments durant lesquels nous ne pensons pas, d'où l'importance cruciale d'être conscients de ces invisibles parasites que peuvent être nos pensées.

Si les pensées sont en grande partie responsables de notre souffrance, il convient donc de repérer précisément celles qui nous font souffrir. Nous serons peut-être surpris de constater que, quelles que soient les circonstances, nous entretenons les mêmes pensées qui, souvent, ont un thème commun. Ce peut être, par exemple, la peur du jugement d'autrui, la peur du rejet ou de l'échec, la mésestime de soi, le sentiment de ne pas être aimé, le sentiment d'insécurité, le doute, etc. Ce que nous croyons être notre pensée n'est, bien souvent, qu'un prêt-à-penser, une sorte de scénario mental que nous nous jouons, répétons et alimentons à la faveur des circonstances de la vie, une conclusion que nous tirons sur nous-mêmes, toujours la même, telle Carole qui, quoiqu'il lui arrivait, en concluait qu'elle n'était pas digne d'être aimée. Tous les jugements que nous portons - sur autrui comme sur nous-mêmes - ne sont que des pensées. Toutes les ruminations sur le passé (les regrets…) et toutes les craintes au sujet de l'avenir ne sont que des pensées, comme l'a découvert Sylvia, une jeune mère de famille obsédée par l'idée de tomber gravement malade, donc de devoir « abandonner » ses enfants : « *Je suis tout à fait consciente que je souffre de mes pensées : plus je pense à la maladie, plus j'angoisse !* » Or, pour l'instant, Sylvia jouit d'une excellente santé, est pleine de vie et a tout pour être heureuse. Que de souffrances nous épargnerions-nous si nous quittions le registre du mental et revenions au présent !

L'observation des pensées nous permet de repérer les pensées négatives qui vont être à l'origine d'un changement d'humeur, et de ne pas les entretenir !…[2] Le fait de nous juger négativement ou de craindre l'avenir nous déprime ou entretient une baisse de moral préexistante. Nous pouvons donc décider de ne pas alimenter ces pensées, en revenant, autant de fois que nécessaire, au présent et à la réalité de notre corps. Comme le dit très bien Carole : « *C'est normal d'être*

---

[2] Je renvoie le lecteur intéressé à l'ouvrage collectif *Méditer pour ne plus déprimer, La pleine conscience, une méthode pour mieux vivre*, Paris, Odile Jacob, 2009.

triste parfois, mais ce n'est pas normal de se raconter des histoires qui nous rendent tristes. J'accepte que la tristesse fasse partie de moi et je n'entretiens plus les pensées négatives. Du coup, j'ai moins de tristesse en moi ».

L'observation des pensées permet aussi de voir les pensées pour ce qu'elles sont : seulement des pensées. Nous ne sommes obligés ni de les croire, ni de les suivre (surtout quand il s'agit d'idées de suicide ou d'envies meurtrières !). Certaines pathologies mentales se caractérisent, entre autres choses, par une croyance inébranlable en la toute-puissance et en la véracité de la pensée. Même en dehors du champ psychiatrique à proprement parler, cette croyance est très répandue : nous croyons nos pensées et les mettons rarement en doute. Or, nos pensées ne sont que des pensées, rarement le reflet de la réalité extérieure, qui, vous vous en souvenez, ne nous est pas directement accessible. Elles ne sont, dans la plupart des cas, que l'interprétation subjective que nous donnons des situations, et nécessitent donc de faire intervenir notre discernement.

Enfin, l'observation des pensées nous permet de constater que non « contents » d'entretenir nos propres pensées, surtout lorsqu'elles sont négatives, nous allons jusqu'à imaginer celles d'autrui : « *C'est ce que je pense que l'autre pense qui me fait souffrir* », me confiait Chantal qui avait peur de perdre l'amour de son entourage si elle ne se conformait pas à l'idée qu'elle se faisait du désir de ce dernier. Nous pensons au sujet de la supposée pensée d'autrui comme si elle avait plus de substance que la nôtre, et comme si nous pouvions réellement savoir ce que l'autre pense !... Et quand bien même nous le pourrions, nous est-il utile d'accorder une telle importance à ce que l'autre, dans sa subjectivité tout aussi grande que la nôtre, peut penser, et de considérer cette pensée comme quelque chose de réel et d'immuable ? Qui, en nous, si ce n'est l'enfant meurtri, est à l'affût de ce que l'autre pense comme si notre propre survie en dépendait ?

Chapitre 3

LE REPERAGE DE L'ENFANT INTERIEUR

Atteindre l'âge adulte n'est pas nécessairement synonyme de maturation psychoaffective. Nombre d'adultes qui n'ont pas reçu, dans l'enfance, ce qu'ils étaient légitimement en droit d'attendre de leur entourage (amour inconditionnel, protection, respect, soutien indéfectible, validation, reconnaissance…) gardent en eux un enfant intérieur blessé qui, s'ils n'en prennent pas conscience, dirige leur vie à leur insu. Le problème ne réside donc pas tant dans le fait qu'une partie de nous-mêmes soit restée infantile, mais dans le fait que nous n'en avons pas conscience. Comme cela a été mentionné au sujet de la culpabilité, l'enfant que nous étions a tiré une conclusion - souvent négative - sur lui-même, et c'est cette même conclusion que nous tirons dans notre vie d'adulte, sans voir qu'elle est celle de l'enfant blessé en nous. En termes métaphoriques, nous pourrions dire que nous laissons l'enfant intérieur au volant de notre vie, alors qu'il conviendrait de l'asseoir sur le siège arrière de notre véhicule et de boucler sa ceinture de sécurité.

Ecoutons, à ce sujet, le témoignage de Sandrine, qui travaille dans le secteur de la petite enfance : « *J'ai toujours beaucoup aimé les enfants bien sûr, mais il me semble aujourd'hui que travailler avec des enfants, c'était le choix de l'enfant en moi, le choix d'une enfant apeurée par le monde des adultes qu'elle ne se sentait pas capable d'affronter. C'était le choix d'une enfant qui préférait rester avec d'autres enfants, dans le milieu sécurisant de l'institution* ».

Repérer la partie infantile en soi est donc une nécessité pour toute personne qui souhaiterait entrer dans la Vie Consciente. C'est ce qu'a bien compris Carole au cours de sa thérapie : « *Je sens vraiment que j'entre dans une ère nouvelle. Je vais pouvoir laisser la petite fille derrière. Je comprends sa tristesse, mais elle n'est plus d'actualité. C'est à moi, maintenant, de prendre soin de moi* ».

Dans ce travail sur soi, l'émotion peut être un outil précieux. Elle nous révèle l'enfant intérieur blessé et nous donne une opportunité de le guérir, pour peu que nous utilisions les situations douloureuses à notre profit afin d'en apprendre quelque chose sur nous-mêmes et de croître intérieurement. En effet, chaque fois que la réaction émotionnelle est disproportionnée à la situation qui l'a déclenchée, nous pouvons faire l'hypothèse qu'elle renvoie à un vécu infantile. Chaque fois que nous nous sentons emportés par l'émotion, nous pouvons nous dire qu'il ne s'agit pas de la situation actuelle dans laquelle elle a surgi, mais d'une situation passée, non surmontée. L'émotion peut donc être utilisée comme une sorte de signal d'alarme qui nous informe de ce que l'enfant intérieur est aux commandes. Nous pouvons alors prendre du recul vis-à-vis de l'émotion qui nous envahit et de la situation déclenchante, décider de ne pas réagir immédiatement sous le coup de l'émotion, et ainsi reprendre les rennes de notre vie, à condition de repérer aussi les attentes de l'enfant en nous, comme nous le verrons après avoir mentionné un autre outil précieux : la souffrance dépressive.

Si douloureuse soit-elle, la dépression aussi, quand elle survient, peut être le signal qui nous avertit de ce que c'est l'enfant intérieur qui est aux commandes, comme nous allons le voir avec l'histoire de Ludivine :

Ludivine a vingt-huit ans quand elle débute sa psychothérapie dans un contexte dépressif. Après des études de comptabilité et de gestion, Ludivine a occupé plusieurs postes administratifs qui, en dépit de son sérieux et de son désir de bien faire son travail, ne lui ont apporté aucune satisfaction professionnelle. Au bout de six ans d'efforts pour se motiver à aller au travail, Ludivine se déprime, prend des antidépresseurs et se retrouve tout de même dans l'impossibilité de retourner travailler. Après un mois d'arrêt maladie, elle démissionne. Ne voulant pas rester inactive, elle trouve naturel de proposer son aide à ses parents qui gèrent une petite entreprise où elle effectue les besognes les plus ingrates. Ce n'est qu'au bout de plusieurs mois de psychothérapie que Ludivine me confie que son père nourrissait le secret espoir qu'elle prenne sa succession à la tête de la société. Je lui fais alors remarquer que tout son cursus la destinait à devenir chef d'entreprise. « *Je n'y avais pas pensé* » me dit-elle avec étonnement avant d'ajouter que, depuis l'enfance, elle avait les chiffres en horreur et rêvait de faire un métier manuel. Mais, très attachée à son père, elle avait inconsciemment fait des choix qui répondaient aux attentes de celui-ci, négligeant ses propres penchants artistiques. La dépression est alors venue lui signifier que c'est l'enfant en elle qui, en voulant faire plaisir à son père, était aux commandes de sa vie.

Outre le fait qu'il est dépendant, l'une des principales caractéristiques de l'enfant intérieur est qu'il a des attentes, nées de l'insatisfaction de ses besoins. L'entrée dans la Vie Consciente suppose d'identifier ces attentes, légitimes de la part d'un enfant, et de cesser d'espérer que notre entourage actuel nous donne ce que nous n'avons pas reçu dans l'enfance. Nombre de couples se séparent en raison des attentes de réparation non satisfaites de l'un de ses membres, ou des deux, projetées sur l'autre. Ce que nous n'avons pas eu alors que nous étions enfants, nous ne l'aurons plus, précisément parce que nous ne sommes plus des enfants, et c'est ce à quoi nous avons le plus de mal à renoncer, comme Carole qui cherchait désespérément un bon père dans tous ses partenaires amoureux.

Si nous ne voulons plus laisser l'enfant intérieur « au volant de notre vie », il nous faut donc faire un deuil, le deuil des parents idéaux que nous n'avons pas eus. Ce deuil, comme tout deuil, implique que nous ressentions les émotions douloureuses qui lui sont associées : la tristesse, la colère, le ressentiment… Ces émotions que nous avons dû réprimer dans notre enfance parce qu'elles étaient trop fortes et menaçantes - tant pour nous-mêmes que pour nos parents - nous pouvons aujourd'hui les accueillir sans craindre qu'elles nous détruisent, nous pouvons les vivre comme une partie de nous-mêmes qu'il convient de nous réapproprier. Seules cette réappropriation et cette réassignation dans le passé nous permettront de ne plus déplacer ces émotions sur notre entourage actuel. Le deuil est achevé quand nous acceptons notre enfance telle qu'elle s'est déroulée, autrement dit quand nous acceptons de ne pas avoir reçu, en tant qu'enfant, ce que nous étions en droit d'attendre des personnes les plus significatives à nos yeux (cela inclut la fratrie, la famille élargie, les substituts parentaux…) « *Je ne réagis plus en fonction de mon passé…* » constate Carole avec soulagement, « *… j'arrive à ne plus suivre les pensées négatives, celles qui me racontaient que je n'étais pas digne d'amour… Du coup, je ne suis plus déprimée* ».

Faire le deuil de nos attentes infantiles ne signifie pas qu'il faille renoncer à réaliser nos rêves d'enfants et à satisfaire nos besoins actuels, mais qu'il est vain d'attendre de notre entourage qu'il soigne nos blessures infantiles. Etre adulte signifie être capable de répondre à nos propres besoins et de satisfaire, dans la mesure du possible, nos désirs, comme l'illustre le témoignage d'une jeune femme que j'appellerai Ananda, entendu à la radio :

Ananda a dû quitter son pays natal avant d'être autorisée à porter la très jolie tenue traditionnelle des femmes de sa culture. Lorsqu'elle y est retournée, des années après, avec son mari et ses enfants, elle s'est dit qu'elle n'allait plus attendre de ses parents qu'ils lui offrent enfin la tenue promise pour sa majorité, mais qu'elle allait se l'offrir elle-même. N'est-ce pas là une jolie métaphore de ce que nous pouvons faire pour nous-mêmes en tant qu'adultes ?

Pour Carole, comme pour Alicia et bien d'autres, il s'agit de trouver *en soi* la valeur qu'elle cherche dans le regard d'autrui, d'être pour elle-même la bonne mère qu'elle n'a pas eue, de s'accorder à elle-même le respect et l'amour qu'elle attend de ses partenaires (sans pour autant y renoncer de leur part), de se bien traiter elle-même. On ne prête qu'aux riches, dit-on, non sans quelque raison… N'est-il pas frappant (et douloureux) de constater que les personnes qui ont une piètre estime de soi sont précisément celles qui se laissent le plus maltraiter ? Il convient de préciser que le fait que notre réaction émotionnelle ne soit pas justifiée par la situation dans laquelle elle a surgi, mais seulement déclenchée par celle-ci, n'ôte rien au caractère éventuellement inapproprié du comportement de l'autre à qui il conviendrait, alors, de mettre des limites. Se faire respecter est une condition nécessaire à l'acquisition d'une saine estime de soi.

Faire le deuil d'une enfance que l'on n'a pas eue suppose de ne pas rester enlisé dans une attitude de refus du passé, de ce qui s'est effectivement produit, ou de ce qui ne s'est pas produit. Tout deuil implique l'acceptation de la perte ou du manque, et des émotions qui y sont associées, comme l'a découvert Carole au cours de sa thérapie. S'étant retrouvée orpheline de mère à l'adolescence, elle était restée des années durant dans le refus de cette douloureuse perte, s'interdisant ainsi tout travail de deuil. Après quelques années de suivi psychologique, Carole avait toujours du mal à accepter la mort prématurée de sa mère, mais pouvait accepter de ressentir son chagrin. A défaut de pouvoir accepter un fait qui nous semble inacceptable, pouvons-nous accepter de ressentir les émotions qu'il soulève en nous ? [1]

Enfin, seule l'acceptation du passé permet de ne pas transmettre le problème à la génération suivante, comme l'illustre le cas de Constance :

Constance est une jeune femme de vingt-cinq ans quand elle m'est adressée par sa conseillère d'insertion à Pôle-Emploi. Après l'obtention d'un Master I d'A.E.S., Constance a intégré un poste administratif à la direction d'une grande entreprise et est, dans un premier temps, contente d'avoir réussi son entrée dans le monde du travail. Très consciencieuse et scrupuleuse, elle ne ménage pas ses forces, faisant régulièrement des heures supplémentaires, dans un désir de perfection mais aussi en vue d'obtenir un C.D.I. et de gravir les échelons. Elle surinvestit son travail dans l'attente d'une « *récompense* ». Mais les années passent et la « *récompense* » ne vient pas, jusqu'au jour où on lui signifie que son C.D.D. ne sera pas renouvelé. L'entreprise connaît quelques difficultés budgétaires et doit licencier du personnel. Constance étant la dernière arrivée dans l'entreprise, elle sera la première à en être congédiée. Elle tente alors vainement de retrouver un autre emploi. C'est dans ce contexte qu'elle se déprime. Quand je la rencontre, elle m'explique, dans un

---

[1] Ce point est développé dans l'enseignement d'Arnaud Desjardins.

torrent de larmes, qu'elle espérait être « *récompensée* » de ses efforts, mais qu'au lieu d'être « *récompensée* », elle a été remerciée. Son besoin de reconnaissance et de valorisation est proportionnel à sa faible estime de soi. Au fil des séances, je m'interroge sur l'intensité de sa déception et le caractère massif de son attente d'une « *récompense* », vocable récurrent dans son discours. Après plusieurs mois de psychothérapie, Constance me relate l'histoire de son père, auquel elle est très attachée : passionné de sport dès son plus jeune âge, il avait intégré une équipe locale, puis nationale, avant d'être sélectionné pour jouer au niveau international. La veille du match, il avait été évincé au profit de son remplaçant, perdant ainsi toute possibilité d'être « *récompensé* » de toutes ces années d'entraînement. La déception fut immense, mais le père de Constance refusa de la ressentir. Il abandonna le sport dont il ne fut jamais plus question et rejoignit, avec un enthousiasme feint, l'entreprise familiale, avant de se marier. C'est dans ce contexte que Constance vit le jour. Vingt-cinq ans plus tard, elle éprouve, à son insu, l'immense déception de son père…

Enfin, ne pas laisser l'enfant intérieur aux commandes de notre vie, suppose, après l'avoir repéré, que nous l'ayons à l'œil. Pour ce faire, nous pouvons le nommer pour mieux l'identifier et ne pas nous y réduire (nous y reviendrons ci-après). C'est l'enfant intérieur qui, selon le cas, se sent rejeté, ou a besoin d'être rasséréné, complimenté, encouragé, comme l'a découvert André qui, doutant toujours de l'amour et de la fidélité de sa compagne, et craignant d'être abandonné, la harcelait de questions et de demandes de preuves rassurantes. Conscient de l'enfant en nous, il nous reste à le remettre à sa place (qui est, comme nous le savons désormais, « sur le siège arrière de la voiture ») chaque fois qu'il veut « prendre le volant ». Et cela, aussi souvent que nécessaire... André a dû apprendre à ne plus appeler sa compagne trente-six fois par jour pour la surveiller ou pour lui demander si elle l'aimait, à tolérer l'angoisse d'abandon chaque fois qu'elle se montrait indisponible, et à ne plus attendre d'elle qu'elle soigne ses blessures infantiles. C'était le prix à payer pour restaurer son estime de soi et pour sauver son couple : un travail de chaque instant, ou presque... qui impliquait un processus intérieur d'acceptation.

Chapitre 4

DU REFUS A L'ACCEPTATION

« *Tout ce qui me fait peur, tout ce qui me fait mal, je le repousse* », me confiait, dans un accès de lucidité, Ludovic, un jeune homme très anxieux. Antoine, quant à lui, exprimait en ces termes le refus de sa colère et le sentiment de culpabilité associé : « *Ce n'est pas moi qui me suis mis dans cet état-là, c'est cet état-là qui s'est mis en moi* ».

Le mécanisme psychique du refus, ou rejet, aussi appelé négation ou déni, a fait l'objet de nombreuses études psychanalytiques. Dès 1905, Freud mentionnait le refus de l'enfant face à la différence anatomique des sexes. S'il perdure à l'âge adulte, ce déni, nous dit Freud, fait le lit de la perversion. Selon la théorie psychanalytique lacanienne la plus connue, c'est dans le rejet du signifiant paternel que s'origine la structure psychotique. D'un point de vue clinique, la psychose pourrait schématiquement se caractériser par un rejet plus ou moins massif de la réalité, et la névrose par un rejet de la souffrance liée à la réalité. N'est-il pas saisissant qu'un même mécanisme, le refus, préside à l'éclosion de la pathologie psychique la plus manifeste - nommément, la psychose - comme à celle de nos manifestations émotionnelles les plus banales ? Toute notre souffrance psychique - qu'elle soit paroxystique ou ordinaire - ne naît-elle pas de ce que, fondamentalement, nous ne sommes pas d'accord pour vivre ce qui nous est donné à vivre, autrement dit, du refus ?

Soulignons, au passage, que le rejet est indissociable de la pensée : « *Si j'y pense, je me dis : ''non, ce n'est pas possible''* », me disait Claude qui n'acceptait pas d'être physiquement diminué, illustrant ainsi le lien entre la pensée et le refus, avec son corollaire, la souffrance. Par la pensée, nous créons une fiction que nous superposons à la réalité. C'est à l'aune de cette fiction que nous jugeons ce qui est, telle Sandra qui s'exclamait, à propos de la mort de son jeune frère : « *Cela n'aurait pas dû arriver !* »

Le thème du refus a été traité par Arnaud Desjardins dans une très éclairante causerie intitulée « Trois mots seulement », à laquelle j'emprunte les idées suivantes, en espérant ne pas trahir son propos : c'est le refus de ce qui est inéluctable qui crée notre monde, car refuser une chose la fait exister pour nous. Le monde, notre corps, notre inconscient et le passé sont constitués de refus. Le refus domine notre existence. L'émotion, c'est le refus de ce qui est. Le mental, c'est le refus. Tout ce qui a été pleinement accepté ne laisse aucune trace en nous...

Si la pathologie psychique et la souffrance ordinaire s'enracinent dans le refus, ne serait-on pas fondé à supposer qu'un mécanisme contraire, - l'acceptation [1] - pourrait être vecteur de santé psychique et de guérison ? Par acceptation, j'entends la reconnaissance de la réalité, tant interne qu'externe : « Oui, cela s'est produit, que cela me plaise ou non », « oui, j'ai telle émotion douloureuse, ou telle pensée dérangeante ».

Voyons comment le refus de l'émotion s'est manifesté chez Florence, une jeune femme qui ne se remet pas de son divorce : « *Je viens d'acheter un appartement et je*

---

[1] Au sujet de l'acceptation, je renvoie le lecteur intéressé à l'ouvrage d'Arnaud Desjardins intitulé *A la recherche du Soi*, Volume I, Paris, La Table Ronde, 1977.

n'arrive pas à me réjouir, alors qu'il me plait. Tout le monde me dit que c'est super, mais moi, j'ai ressenti de la tristesse et je ne comprends pas pourquoi ». Et Florence de s'accabler ! Je lui signifie que si elle s'est sentie triste, c'est qu'il y avait une raison. Florence se remémore alors la joie ressentie lors de l'achat d'une maison avec son mari, qui concrétisait son rêve. L'acquisition de cet appartement vient lui signifier, une fois encore, ce qu'elle refuse : son divorce. C'est la comparaison entre les deux circonstances, certes similaires d'un strict point de vue immobilier, mais très différentes sur le plan affectif, qui conduit Florence à refuser sa tristesse, exigeant d'elle-même de ressentir l'émotion qu'elle estime devoir ressentir. Au nom de quoi ?... Ecoutons encore Florence : « *J'essaie toujours de ressentir autre chose que ce que je ressens. Quand je n'atteins pas l'état que j'espère, je ne suis pas bien. Il y a un décalage entre ce que je ressens et ce que je me dis que je devrais ressentir. Du coup, je refuse mes émotions. Je cours toujours après ce que je n'ai pas ou n'ai plus. C'est pour ça que j'ai ce sentiment de ne pas être heureuse* ».

Ce que Florence nous montre, par la négative, c'est qu'il s'agit d'admettre ce qui est, autrement dit de faire le constat de la réalité. Cela ne signifie pas que l'on y souscrive. L'adhésion intellectuelle à la réalité ne suppose pas d'adhésion éthique, ni de résignation à « l'inacceptable ». L'affirmation de la réalité n'est pas synonyme d'approbation, mais de Conscience. Il s'agit d'être dans l'assertion de la réalité, plutôt que dans sa négation, dans la Conscience, plutôt que dans le déni, dans ce qui est, plutôt que dans ce qui devrait être... selon nous ! Car « *c'est à partir de l'acceptation d'une situation telle qu'elle est, et non telle qu'on la souhaiterait, que peut s'élaborer un processus de mutation et de libération.*

La nier, la refuser ou encore s'y résigner conduit à être mû par elle [2] ».

C'est précisément ce qu'a expérimenté Carole : « *Il y a encore des moments où je ressens des pleurs en moi, mais j'arrive à les faire sortir. Comme je m'autorise à pleurer, les larmes ne coulent que quelques minutes alors qu'avant, ça prenait des proportions plus importantes parce que je refusais les pleurs. Maintenant, j'ai une plus grande capacité d'accepter les choses, et quand on les accepte, elles passent plus facilement. Cette névrose du refus ne me rendait pas service !* » Oui ! Carole...

Il va sans dire que, dans le travail sur soi, cette attitude d'acceptation face à la réalité est à appliquer à nous-mêmes. Or, au nom d'un idéal de perfection auquel nous croyons devoir adhérer pour être aimés, nous refusons notre humanité, comme l'illustrent les propos de Perla : « *Je veux m'améliorer sur tous les plans. Je refuse mes défauts. J'ai l'impression que, pour être aimée, je dois répondre à des critères objectifs. Me dire que l'amour est subjectif, donc que je n'ai aucun contrôle dessus, ça m'angoisse parce que j'ai l'espoir de plaire à tout le monde, alors que je ne me plais même pas à moi-même...* »

Comme Perla, nous croyons que la quantité d'amour (ou de non amour) que nous recevons dépend de ce que nous serions dignes (ou pas) de la recevoir, c'est-à-dire de nos qualités (ou de nos défauts). Et, dans cette course à la perfection, nous ne nous sentons jamais à la hauteur...

En réalité, il n'est nul besoin d'être parfait(e) pour être aimé(e) puisque la quantité d'amour que nous recevons dépend de notre propre capacité à nous aimer et de la capacité de l'autre à aimer. Si l'autre est véritablement capable d'amour, il nous aimera tel(le)s que nous sommes, c'est-à-dire dans notre imperfection. Quel soulagement !

---

[2] Philippe Dautais, *op. cit.*, p. 82.

C'est ce dont Chantal a pris conscience, au fil des séances : « *Je vois que ma vie est le résultat de tout ce que je ne voulais pas m'avouer... Je me suis rendue compte que ma mère n'a jamais été une mère. Comme j'ai toujours voulu être aimée, je tentais d'incarner l'idéal de l'autre. Je faisais tout pour plaire à tout le monde, et je n'étais jamais moi-même. Tout mon entourage est là pour une autre personne que moi puisque j'ai toujours joué un rôle. Je suis ce que je suis et si on ne m'aime pas, tant pis ! J'ai hâte d'être enfin moi-même !* »

Sur la base de ce qui est, je peux, comme Chantal, affirmer : « Je suis ce que je suis, je suis digne d'amour tel(le) que je suis », *et* je peux aussi aspirer à mûrir. Le mécanisme qui facilite cette attitude assertive face à nos pensées et à nos émotions est celui de la désidentification. Nous y reviendrons après avoir abordé la question de l'acceptation appliquée à autrui.

« *J'ai fait de nouvelles tentatives d'approche avec ma mère et je l'ai vue comme une enfant souffrante. Elle est restée, avant tout, la fille de sa propre mère. J'ai fait le deuil de la mère idéale. Son attitude envers moi ne fait pas d'elle un être mauvais. C'est juste quelqu'un qui a des difficultés, comme moi. J'ai grandi avec une mère qui, ayant connu les privations de la guerre, se préoccupait avant tout des questions matérielles et qui ne voyait pas que, moi, j'avais besoin d'amour. Je lui en ai voulu, mais elle ne pouvait pas faire autrement. Alors, je peux l'accepter telle qu'elle est, avec ses difficultés, parce que tout le monde en a. Il n'y a pas de complicité entre nous parce que je suis sur la défensive. Quel autre genre de relation puis-je développer avec elle pour que nous passions de bons moments ensemble ? C'est à moi de la construire, cette relation, parce que, elle, elle ne va pas changer ! Je sais maintenant ce qu'elle actionne en moi et de quelle partie d'elle ça vient. A moi de ne plus réagir. A moi de ne plus me sentir en danger et de rester ouverte. Elle a fait ce qu'elle a pu, avec ce qu'elle était, et je me dis maintenant que son attitude envers moi était complètement inconsciente. Cela m'attriste pour elle et je ressens infiniment de bienveillance à son égard ».*

Ces remarquables propos d'Alicia au terme de sa thérapie nous enseignent sur la nécessité non seulement de nous accepter tels que nous sommes (« Je suis ce que je suis... »), mais aussi d'accepter l'autre tel qu'il est (« ...et l'autre est un autre »), plutôt que de vainement tenter de le conformer à nos souhaits. Cette acceptation de l'autre dans sa réalité passe donc, comme l'a bien saisi Alicia, par le renoncement à l'idéal de perfection, et par un travail sur soi qui suppose une prise de distance par rapport au moi, ou désidentification.

Chapitre 5

LA DESIDENTIFICATION AU MOI ET AU SYMPTOME

En s'identifiant totalement à son corps, à ses pensées, à ses émotions, à son histoire, à sa fonction ou à son rôle, et jusqu'à ses symptômes, l'être humain crée une fiction, celle du moi, à laquelle il se réduit et dans laquelle il s'enferme (et peut enfermer l'autre), parfois jusqu'à la folie (l'autre aussi peut l'y enfermer). L'identification, un temps utile au développement psycho-corporel de l'enfant, peut s'avérer pathologique si elle devient excessive. Lacan dira, dans son séminaire sur les psychoses, que le sujet psychotique est totalement identifié à son moi. Le moi est cette entité séparée et personnelle constituée de notre représentation corporelle, de notre identité, de notre personnalité, de notre psychologie, de notre histoire, tout ce à quoi nous nous identifions lorsque nous disons « je ».

Si le corps, l'intellect et les émotions sont de précieux outils, constituent-ils pour autant le fondement de notre être ? Si nous sommes bien le produit de notre histoire (personnelle et collective), nous limitons-nous à la somme des événements (matériels et psychiques) qui ont jalonné notre existence ? Si la famille et le travail tiennent une très grande place dans notre vie, nous réduisons-nous aux rôles que nous jouons sur la scène personnelle et la scène professionnelle ? N'est-il pas frappant que, recourant à l'auxiliaire être, nous nous définissions en fonction de notre filiation (« je suis le fils ou la fille de… »), notre nationalité (« je suis français(e) »), notre profession (« je suis enseignant(e) »), ou de nos symptômes (« je suis diabétique » ou encore, diagnostic très en vogue, « je suis bipolaire ») ?

Il n'est pas rare que, ayant pris quelque distance vis-à-vis de leurs symptômes, les personnes en psychothérapie s'interrogent sur elles-mêmes : *« Qui suis-je ? »*, se demandèrent Alicia et Adrien, la première quand elle réalisa qu'elle n'était pas la *« vilaine petite chose toute moche »* à laquelle elle s'était identifiée, le second quand il découvrit que le personnage qu'il avait incarné jusque-là pour répondre au désir de sa mère ne lui correspondait pas. Et tous deux d'ajouter : *« Il faut que je me décolle de ma mère, du regard qu'elle a eu sur moi »*. *« Qui suis-je ? »* se demanda Claire, au tempérament anxieux, quand, après deux entretiens d'embauche rapprochés, elle avait été angoissée au premier et très détendue au second, qu'elle redoutait pourtant davantage. *« Comment ai-je pu être si différente, à trois jours d'intervalle, dans des circonstances similaires ? Suis-je à ce point déterminée par l'autre ? »*

« Qui suis-je ?… » N'est-ce pas la question fondamentale que se pose l'être humain depuis la nuit des temps ? Elle excède, bien entendu, les limites de cet ouvrage et tant les philosophes que les sages de toutes les traditions ont tenté d'y apporter des éléments de réponse auxquels le lecteur intéressé pourra utilement se reporter.

Pour l'heure, demandons-nous comment nous désidentifier de notre symptôme (qui renvoie à l'enfant intérieur) ou, tout au moins, comment ne pas nous y réduire. Ecoutons Claire : *« Depuis que j'ai commencé ce travail sur moi, je me demandais comment je pouvais observer mon fonctionnement sans que cela n'augmente ma haine de moi-même, parce que plus je m'observais, et plus je me détestais. Et, récemment, après avoir eu une énième occasion de voir mon besoin d'être reconnue, je me suis dit : "Mais pourquoi me détester pour cela ? N'est-ce pas la caractéristique principale de l'ego que de vouloir être reconnu ? N'avons-nous pas tous un ego qui veut être reconnu ? Il ne s'agit pas de moi mais juste de mon ego, qui est comme l'ego de tout un chacun". Si je crois que, fondamentalement, je suis cet ego, infantile et exigeant, alors je n'ai pas d'autre choix que de me détester. Mais est-ce que je me réduis à mon ego ? Non. C'est donc de ne plus me prendre pour mon ego qui est un remède à la haine de soi, et de ne plus confondre l'autre avec son ego qui est un remède à la haine d'autrui. J'ai toujours eu une relation douloureuse avec mon père, au point de l'éviter pendant des années. Mais la dernière fois que je suis allée le voir, quand il m'a raccompagnée à la gare, j'ai été surprise de voir de la bonté, et même de l'amour, dans son regard. Mon père n'est pas que cet être blessé et égocentrique. Il y a aussi de la bonté et de l'amour en lui. Et j'ai commencé à en éprouver pour lui. Ce que nous n'aimons pas en nous-mêmes - et en autrui -, ce n'est pas ce que nous sommes fondamentalement, c'est l'ego* ».

Ajoutons, pour conclure, que, dans le processus de désidentification, que ce soit à l'enfant intérieur, à l'ego, ou au symptôme, l'observation de soi est cruciale. Et si la vie était précisément une opportunité de grandir et de découvrir notre profondeur ?

Chapitre 6

A LA RECHERCHE DE NOTRE PROFONDEUR

Sandrine est enseignante. Elle exerce consciencieusement son métier, mais se plaint de ne pas y être épanouie et aspire à s'adonner à une activité manuelle. Ce n'est qu'après cinq ans de psychothérapie qu'elle me confie l'origine de sa « vocation » d'enseignante : « *Ma mère voulait être institutrice. Elle a passé le concours de l'Ecole Normale, mais ne l'a pas réussi. Puis elle nous a eues, ma sœur et moi, et s'est consacrée à notre éducation. N'ai-je pas voulu la réparer en réussissant là où elle avait échoué ?* » Pertinente question !
Julie, quant à elle, est une dynamique jeune femme qui, alors qu'elle a achevé des études supérieures de troisième cycle, ne parvient pas à s'insérer dans la vie active et est retournée vivre chez ses parents. C'est dans ce contexte qu'elle entreprend une psychothérapie. Julie vit un incessant tourment : elle est perpétuellement tiraillée entre ce que lui dicte l'enfant intérieur et ses aspirations profondes. Ce tiraillement constant la rend incapable de faire un choix, ou de s'y tenir. A bientôt trente ans, Julie tente désespérément à la fois de se conformer au désir de ses parents (tout particulièrement de sa mère, avec laquelle elle entretient une relation fusionnelle) et de réformer le fonctionnement familial dont elle perçoit, avec finesse,

qu'il est perturbé. En d'autres termes, Julie tente de se faire aimer de ses parents tout en essayant de les rendre conformes à son idéal parental afin de pouvoir s'autoriser à les aimer de tout son cœur. Bref, Julie veut aimer et être aimée. N'est-elle pas, en cela, paradigmatique de l'être humain ? Lors des vives discussions qui émaillent la vie familiale, Julie passe souvent pour « *celle qui veut toujours avoir raison* ». En réalité, c'est l'enfant en elle qui, blessé, tente de faire entendre sa souffrance et demande réparation. Julie revendique, parce qu'elle se sent lésée vis-à-vis de son frère « *à qui l'on passe tout* », d'être traitée avec les mêmes largesses que celles accordées à son cadet. Elle réclame à corps et à cri d'être aimée pour ce qu'elle est véritablement.

Ce que nous montre Julie, dans son tiraillement perpétuel, c'est que nous sommes aux prises avec l'infantile en nous qui masque ce que nous sommes : nous nous réduisons à notre enfant intérieur, et nous y sommes réduits, non sans nous en culpabiliser. Julie s'en veut d'être comme elle est et se dévalorise. C'est l'identification à l'enfant intérieur, à notre fonctionnement psychologique, bref, à notre symptôme, qui fait le lit de la mésestime de soi et occulte notre nature véritable, qui reste « en friche ». Notons que vouloir avoir raison, dans ce contexte-là, est une tentative inconsciente de réparation de l'estime de soi. Julie reste prisonnière de sa psychologie parce qu'elle n'a pas fait le deuil de ce qu'elle n'a pas eu dans son enfance : pour se faire aimer de ses parents, elle tente de se conformer à leur idéal de vie fondé sur la réussite sociale et les apparences (alors qu'elle a été très gâtée par la nature, elle a eu recours, dès l'adolescence, à la chirurgie esthétique, passe des heures à choisir ses tenues vestimentaires et à s'apprêter avant de sortir...), au mépris de son propre désir de vie « *marginale* ». Julie est une artiste dans l'âme dont le besoin fondamental est de créer, mais avant de pouvoir s'autoriser à s'épanouir, elle tente, vainement, de répondre au besoin encore plus fondamental de l'enfant en elle : obtenir l'amour inconditionnel de ses parents. Ainsi tournée vers un passé qu'elle refuse, Julie ne peut aller de l'avant : toute son énergie est gaspillée dans cette vaine tentative de réparation de son enfance. En d'autres termes, en refusant de faire le deuil des parents idéaux quelle n'a pas eus, Julie alimente sa partie infantile, entretient sa « névrose » au détriment de son potentiel qui s'étiole. Et ce n'est pas faute de l'entendre car ce dernier s'exprime, mais sa voix est recouverte par celle de l'enfant intérieur qui crie plus fort. Alors, dans cette cacophonie, Julie demeure pétrifiée, indécise, avant de céder, invariablement, aux injonctions de l'enfant... Jusqu'à quand ? Que faudra-t-il à Julie pour qu'elle s'autorise enfin à être elle-même ?

Quand le psychisme est débordé, comme c'est le cas chez Julie, il n'est pas rare que le corps prenne le relais en quelque sorte, et qu'apparaisse une maladie somatique : on peut alors voir le premier s'apaiser, tandis que le second s'emballe. La maladie somatique est souvent l'occasion pour les personnes qui en sont atteintes de s'interroger sur ce qu'elles veulent vraiment, sur leurs priorités et sur le sens de leur vie, bref, sur elles-mêmes. Elle peut être le prix à payer pour avoir fait taire notre désir fondamental, mais aussi une opportunité de le réaliser et de vivre, ainsi, selon nos aspirations profondes.

Pascale est à la tête d'une petite entreprise qu'elle dirige de main de maître depuis des années. Elle se surmène, travaillant douze heures par jour, six jours sur sept. « *Je me suis rendue compte que quand je fais les choses moi-même, ça avance. C'est pour ça que je veux être au centre de la situation et tout contrôler* » m'explique-t-elle pour justifier son comportement quelque peu autodestructeur. Quelques mois après, Pascale m'apprend qu'elle est atteinte d'un cancer. Une intervention chirurgicale est rapidement programmée, ainsi qu'une chimiothérapie suivie d'une radiothérapie. Pascale doit, du jour au lendemain, modifier radicalement non seulement son emploi du temps, mais aussi son attitude vis-à-vis d'elle-même et d'autrui. Elle apprend à déléguer de nombreuses tâches et constate, avec soulagement, que son entreprise ne s'en porte pas plus mal. « *Je me suis oubliée…* » dit-elle, «... *parce que je me croyais indispensable. Je voulais tout prévoir, tout maîtriser. Et je voulais être reconnue. Mon orgueil en prend un coup, mais ma vie a changé. Maintenant je délègue et ça va bien, parce que je suis persuadée que ça va bien aller. Je me faisais plein de films, plein de scénarios-catastrophes, donc je me suis dit : "change de film !" Ma méthode de travail a changé parce que j'ai moi-même changé. C'est l'école de la vie* ». Soulignons, au passage, que Pascale fait l'expérience de l'influence de la réalité psychique sur la réalité extérieure.

Avant que la maladie ne survienne comme un signal d'alarme, il peut être utile de nous demander ce que nous voulons vraiment dans la vie et pour nous-mêmes. La réponse se trouve dans notre profondeur. Chacun de nous a une contribution unique à apporter au monde. Notre vie est-elle en adéquation avec notre potentiel et nos valeurs ? Nous sommes-nous pleinement réalisés ? Avons-nous laissé les autres ou les circonstances décider de notre vie à notre place ? Que nous reste-t-il à accomplir pour quitter cette terre en paix une fois notre heure venue ?

Pour les inciter au travail sur soi, je demande parfois à mes patients : « Que voulez-vous ? Quelle est votre ambition pour vous-même ? » C'est une manière de leur demander s'ils veulent rester prisonniers de leur inconscient, ou entrer dans la Conscience et vivre selon leurs aspirations profondes. S'ils optent pour la Vie Consciente, il leur faudra, au préalable, apprivoiser ce qui semble être devenu très ardu pour un grand nombre de nos contemporains : le tête-à-tête avec soi-même.

Chapitre 7

LE TÊTE-A-TÊTE AVEC SOI-MÊME

« Restez connectés » nous dit une publicité pour une prothèse auditive. Cette injonction de connexion qui, au-delà de ce message publicitaire, semble être celle de notre société tout entière, porte exclusivement sur le monde extérieur, et l'accroissement vertigineux des technologies modernes le rend possible à tout instant. Nombre de personnes dorment avec leur téléphone portable sur leur table de chevet (il est vrai qu'il peut aussi faire office de réveille-matin) et n'imaginent même plus qu'il soit possible de l'éteindre, ne serait-ce que pour dormir... Le devoir de connexion ne connaît plus de limites. « *On pourrait avoir besoin de moi...* » me disait Ludovic à qui je demandais pourquoi il dormait avec son téléphone portable allumé. Cette apparence d'altruisme cache une souffrance liée à une intolérance à la solitude et une lutte contre un douloureux sentiment d'inutilité. Comme Julie, Perla et bien d'autres, Ludovic est dans une perpétuelle fuite de lui-même, comme si la rencontre avec soi était ce qu'il y avait de plus intolérable. C'est précisément ce que nous disent Florence et Jacqueline.

Florence est cette jeune femme récemment divorcée et mère d'un petit garçon, Valentin, dont elle a la garde alternée : « *Je n'arrive pas à apprécier ma vie telle qu'elle est. Soit je ne sais pas être heureuse, soit je ne vois pas le bonheur que j'ai. Il ne m'est pas possible de rester chez moi parce que je ne fais que* cogiter *: j'imagine la vie de mon ex-mari avec sa nouvelle compagne, et je me dis que c'est moi qui devrais être avec lui. Alors le week-end où je n'ai pas Valentin, il faut vraiment que je sois dans un état d'épuisement total pour rester chez moi. Et, en semaine, je sors tous les soirs. Je m'étourdis pour ne pas penser à cette femme qui prend ma place auprès de mon ex-mari et surtout auprès de Valentin. La solitude m'est absolument insupportable* ».

Jacqueline a la soixantaine. Elle a traversé, à deux reprises, l'épreuve de la maladie. Elle parle posément de son angoisse : « *C'était plus facile quand j'étais en plein dans la maladie. J'étais très entourée, tant par mes proches que par les soignants. Le plus dur, ce n'est pas le cancer, c'est l'après cancer. Là, on est face à soi-même et il faut accepter tout ce qui arrive. Apparemment, il n'y a plus rien qui cause cette angoisse sauf, peut-être, le refus de m'occuper de moi. Je me suis tellement occupée des autres... Avant, j'arrivais à tout contrôler. Le fait de savoir qu'il se passe beaucoup de choses à l'intérieur, qui sont comme un autre moi, ça m'angoisse. J'aimerais bien être débarrassée de ça ! Il y a forcément une peur de se retrouver face à soi-même et à ce que l'on va trouver là-dedans ! Je suis sûre que ces deux cancers étaient liés à ces angoisses non ressenties. Tant qu'il y avait des choses à faire, il fallait les faire, donc ça allait, mais si je m'activais autant, c'était peut-être aussi par peur de ressentir ces angoisses. Et si je ne les ai pas ressenties avant, c'est parce que je les avais mises de côté, mais elles étaient bien là !* »

Avoir en permanence, et sans nécessité absolue, un emploi du temps surchargé, ne jamais éteindre son ordinateur, vérifier sans cesse son courriel, ne jamais rester dans le silence ou l'inactivité, allumer la télévision ou la radio dès que l'on rentre chez soi et, bien entendu, avoir son téléphone portable « greffé » sur soi vingt-quatre heures sur vingt-quatre sont autant de stratégies très répandues pour se fuir. D'autres, plus pathologiques, consistent à recourir à la nourriture, à l'alcool ou à la drogue pour combler une sensation de vide intérieur ou apaiser l'angoisse. Que l'on se déserte dans l'action ou que l'on s'anesthésie avec des substances, le but est le même : ne surtout pas ressentir notre mal-être. Remarquons que la désertion de soi via la focalisation sur le monde extérieur croît de manière exponentielle avec la mésestime de soi : le tête-à-tête avec soi-même est d'autant plus difficile que l'on ne s'aime pas !

Cette tendance à l'extériorisation permanente de l'attention est savamment entretenue par la société de surconsommation qui prône l'hyper-connexion (il n'y a qu'à voir la multiplication des écrans qui envahissent l'espace public comme l'espace privé) et veut nous fait croire que le bonheur est à l'extérieur de nous, dans l'acquisition de biens matériels. Or, comme l'écrit Frédéric Lenoir, « pour être heureux, il faut savoir développer des qualités qui relèvent non pas de la logique de l'avoir, mais de celle de l'être [1] ».

Nous vivons à la périphérie de nous-mêmes, sans cesse et de plus en plus happés par le monde extérieur, véritablement et tragiquement exilés de notre profondeur, cherchant désespérément au dehors ce que nous ne pouvons trouver qu'en nous-mêmes. « L'être humain s'est détourné et se détourne de son intériorité pour préférer la conquête des espaces extérieurs et la domination du monde pour en tirer profit et confort. En rupture avec sa

---

[1] Frédéric Lenoir, *Petit traité de vie intérieure*, Paris, Plon, 2010, p. 129.

profondeur, il s'est exilé de lui-même, c'est la logique même de ce que l'on appelle l'ego... [2] ».

Comment, dans un tel contexte, pourrions-nous croire que nous aurions un quelconque bénéfice à nous détourner, ne serait-ce qu'un instant, du monde environnant plein de (fausses) promesses, pour plonger en nous-mêmes ? Et pourtant, peut-il y avoir une Vie Consciente sans ce périodique retour sur soi et en soi, sans cet accueil bienveillant de ce que l'on est et de ce que l'on ressent, dans l'instant ? Est-il possible de nous connaître et de découvrir notre vraie nature dans ce perpétuel brouhaha publicitaire ? Et comment pourrions-nous être véritablement en relation avec autrui si nous ne supportons pas de l'être avec nous-mêmes ? Comment cultiver un authentique lien avec l'extérieur si nous laissons notre monde intérieur en friche, si nous sommes, selon l'expression d'Arnaud Desjardins, « exilés de l'être [3] » ? Comment cohabiter avec l'autre dans sa différence si nous nous désertons, si nous ne sommes pas même capables de nous accueillir tel(le)s que nous sommes, tout à la fois dans notre singularité et notre universalité ? Ce n'est pas par misanthropie que, depuis la nuit des temps, certains choisissent de se retirer du monde pour se relier à eux-mêmes. Une solution aussi radicale n'est certes pas requise pour tout le monde, mais personne, dans la Vie Consciente, ne peut faire l'économie du tête-à-tête avec soi-même.

C'est ce qui devint une évidence pour Claire après dix ans de psychothérapie. Claire a alors cinquante ans. Elle me relate le rêve suivant : « *Je suis au bord de la mer, dans un village que je connais depuis ma plus tendre*

---

[2] Philippe Dautais, *op. cit.,* p. 156.
[3] Arnaud Desjardins, Véronique Loiseleur, *La Voie et ses pièges*, Paris, Editions de la Table Ronde, 1992, réédition en poche Editions J'ai lu, 2015, p. 185.

enfance. Pourtant, je ne sais pas comment, de la crique, rejoindre le centre du village. Je demande mon chemin à une fillette d'environ dix ans qui m'indique la navette maritime. Je lui dis : "Tu vois cette crique ? En cinquante ans, elle n'a pas changé, à l'exception des escaliers d'accès qui y ont été aménagés" ». Claire pleure doucement en interprétant son rêve : « *La crique qui n'a pas changé en cinquante ans, c'est moi. La fillette de dix ans, c'est aussi moi, depuis que je suis en thérapie. Il m'a fallu ces dix années de travail sur moi et toutes les épreuves qui ont jalonné cette décennie pour que des escaliers d'accès à ma profondeur soient aménagés ! Maintenant, il me reste à faire la traversée pour rejoindre le cœur de mon être. Et j'ai peur...* »

Oui, nous avons peur, et pourtant, y a-t-il une aventure plus passionnante que d'aller à sa propre rencontre ? Seule la haine de soi, si caractéristique des Occidentaux, peut nous le faire croire…

Chapitre 8

ENTRER EN AMOUR AVEC SOI-MÊME... ET AVEC AUTRUI

La question du narcissisme - autrement dit, du sain amour de soi - me taraude, tant elle est présente dans ma pratique professionnelle. Il semblerait que notre civilisation occidentale engendre des êtres qui ne s'aiment pas, et les patient(e)s qui souffrent de mésestime (voire de haine) de soi sont légion. « *Où faut-il aller pour découvrir le plaisir d'être soi ?* » me demandait Perla, qui n'était pas encore entrée en amour avec elle-même. Loin d'être une invitation au narcissisme débridé et égocentrique, comme peut parfois l'être le message publicitaire, cette formule énonce l'aspiration à l'état de réconciliation avec soi-même qui caractérise la Vie Consciente.

Un écueil est à éviter, toutefois : comment apprendre à s'aimer sans tomber dans le culte de son image ? Cette distinction est d'autant plus pertinente de nos jours que la société de surconsommation et les nouvelles technologies nous offrent la possibilité de nous mettre en permanence en scène, dans une débauche narcissique et égocentrique (comme l'illustre la mode de ces autoportraits nommés *selfies*) qui est l'antithèse d'une saine estime de soi. Il semblerait, en effet, que moins on s'estime et plus on ait le besoin de s'exhiber sur tous les réseaux sociaux à disposition, jusqu'à parfois se mettre sérieusement en danger, ce qui est le cas des personnes les plus fragiles.

Alors, qu'en est-il du sain amour de soi ? La première étape consiste à voir la carence de l'estime de soi comme un symptôme : il n'est pas plus sain de se prendre pour moins que rien que de se prendre pour Napoléon ! Mais la déflation du narcissisme passant plus inaperçue que son inflation, il est moins aisé d'en repérer le caractère pathologique.

Il convient ensuite de stopper toute comparaison avec autrui : la comparaison, à laquelle se livre volontiers celui qui ne s'aime pas, est, de même que le sentiment de culpabilité, un véritable poison psychique. Comme le préconise ma consoeur Isabelle Filliozat : « Il s'agit aujourd'hui de se placer, non plus au-dessus ou en dessous des autres, mais *en soi* [1] et en relation horizontale avec les autres [2] ».

La troisième étape consiste à se bien traiter, sur tous les plans, ce qui ne va pas de soi quand on ne s'aime pas. Nombre de personnes seules ne prennent pas soin de leur apparence parce qu'elles n'ont personne à qui plaire, ou ne cuisinent pas pour elles-mêmes, comme si elles n'en valaient pas la peine. D'autres ne prennent pas soin de leur intérieur. Or, quand on a le sentiment de ne rien valoir, de n'avoir aucune importance pour qui que ce soit, comme me le confiait Odette, il importe de se traiter comme si on avait de la valeur à ses propres yeux. Retrouvons Jacqueline qui a dû faire l'expérience de la maladie pour apprendre à prendre soin d'elle : « *Quand on est en chimio, il y a tout un protocole de soins. C'est impératif.*

---

[1] C'est moi qui souligne.
[2] Isabelle Filliozat, *L'Intelligence du cœur, Confiance en soi, créativité, relations, autonomie,* Paris, Editions Jean-Claude Lattès, coll. Poche Marabout, 1997, p. 15.

C'est vital. Je n'aurais jamais pu prendre soin de moi sans ce protocole. Il me fallait même me mettre du vernis sur les ongles pour les protéger ! Je l'ai fait, mais à toute vitesse, avec un ''non !'' au fond de moi. Je détestais ça, et je le mettais en dernier sur ma liste ! »

Une autre étape capitale sur le chemin de l'amour de soi est décrite dans l'ouvrage de Christophe Massin sur le travail émotionnel, intitulé *Souffrir ou aimer*, où il fait équivaloir le refus de l'émotion au non-amour de soi. Il en déduit que s'aimer suppose d'aller au bout de son ressenti, si douloureux soit-il : « Je dois me fournir des preuves que je ne vais pas trahir mon propre intérêt, que je suis bien solidaire de moi-même. C'est pour cela que veiller si attentivement à mon ressenti se révèle indispensable, en tant que preuve de l'amour de moi-même [3] ». Cette thèse est corroborée, en ces termes, par la psychanalyste Alice Miller : « Nous ne pouvons pas nous aimer, nous respecter, nous comprendre si nous ignorons les messages de nos émotions, ce que, par exemple, veut nous dire la colère [4] ». C'est ce que réalise Carole, au terme de sa thérapie : « *Je veux arrêter de me faire du mal. Je ne veux pas être comme mes parents. Je leur en veux ! Ils m'ont vraiment fait du mal et moi, en fumant mon joint quotidien, je continue à m'en faire. Mais, maintenant, je peux décider pour moi-même. Même si j'ai été mal aimée, je suis capable de me reconstruire et de me faire du bien, comme je l'ai fait pour mes enfants. Ce que j'ai fait pour eux, je peux le faire pour moi aussi. Il faut que j'arrive à m'aimer. Comme j'ai été mal aimée, je m'aime mal, mais je peux m'aimer mieux, parce que je le mérite. Et je suis sûre que la clef de tout ça, c'est l'arrêt de cette substance*

---

[3] Dr Christophe Massin, *Souffrir ou aimer, Transformer l'émotion, op. cit.*, p. 189.
[4] Alice Miller, *Notre Corps ne ment jamais,* Paris, Flammarion, coll. « Champs », 2013, p. 160.

anesthésiante qui m'empêche d'aller au fond de moi-même. Ce serait une belle victoire et ça restaurerait l'image que j'ai de moi-même ».

Christophe Massin fait aussi un lien fort intéressant entre l'amour de soi et l'acceptation de la vie : « Quand j'ai suffisamment d'amour pour moi-même, je deviens disponible pour aborder une véritable relation avec la vie telle qu'elle est [5] ». N'est-ce pas là l'une des conditions du bonheur ?

Il semble donc que le sain amour de soi ne consisterait pas tant à se plaire qu'à s'accepter tel(le) que l'on est, en tant que manifestation unique et, de ce fait, précieuse, de la Création : « Je suis ce que je suis ». Pas de jugements ni de comparaisons, qui ne sont que des pensées, stériles de surcroît. C'est la stupéfiante découverte de Chantal, qui a vécu trente-cinq ans dans la haine de soi : « *J'ai juste le sentiment de m'apprécier davantage et, je ne sais pas pourquoi, ça me fait pleurer. C'est une sensation que je ne connais pas. J'ai moins peur d'être seule. J'ose me regarder, ne serait-ce que mes mains. Et j'ose ressentir ce que je ressens, pas ce qu'il faudrait que je ressente* ».

Sur la base de notre réalité, nous pouvons nous demander quels sont les aspects de nous-mêmes que nous souhaiterions développer, et ceux que nous préfèrerions laisser en friche. N'y a-t-il pas, en chacun de nous, du bon grain et de l'ivraie ? Quelle partie de nous-mêmes allons-nous cultiver ? Il va de soi que plus nous cultiverons le bon grain, plus nous nous réconcilierons avec nous-mêmes. Cette question est aussi pertinente pour les désirs qui nous hantent : quels sont ceux que nous allons réaliser et ceux auxquels il vaut mieux que nous renoncions ? Bref. Que voulons-nous pour nous-mêmes et pour autrui ? « Je suis ce que je suis » *et* je peux travailler sur moi-

---

[5] Christophe Massin, *Souffrir ou aimer, op. cit.*, p. 121.

même pour sortir de mon déterminisme, cultiver la meilleure partie de moi-même, et me réaliser pleinement.

A cette fin, il convient aussi de nous demander quels sont nos besoins ainsi que nos aspirations profondes, et d'identifier les moyens d'y répondre. Il n'y a pas de sain amour de soi sans prise en compte de ces dimensions, tant physiques que psychiques. Ce repérage est d'autant plus fondamental que nous nous traitons comme nous avons été traités par les personnes les plus significatives de notre enfance, et que les autres nous traitent comme nous nous traitons. Autrement dit, si nous n'avons pas reçu suffisamment d'amour de la part de notre entourage, nous aurons tendance à ne pas nous aimer et, si nous avons été maltraités, nous serons susceptibles de nous maltraiter, voire de nous laisser maltraiter. Dans un tel contexte, la vigilance s'impose.

Enfin, il s'agit de nous demander comment créer les conditions favorables au développement de notre potentiel. Cela commence par nous dégager des situations qui y font obstacle. C'est ce qu'a bien compris Perla, quand elle a mis un terme à sa relation amoureuse clandestine et destructrice, ou Ludivine, quand elle a quitté l'entreprise familiale.

Je souligne que s'accepter tel(le) que l'on est suppose, ainsi que nous le suggère Christophe Massin, d'accueillir notre souffrance comme une dimension de nous-mêmes. Dans l'optique du travail sur soi, la souffrance peut être vue non comme ce qu'il faut fuir à tout prix, mais comme ce qui nous ramène à nous-mêmes : quand nous souffrons, physiquement ou psychiquement, l'extérieur perd pour un temps son attrait et notre attention revient automatiquement sur nous-mêmes. Nous pouvons alors considérer les événements douloureux, qui ne manqueront pas de se présenter, comme autant d'opportunités de retour à soi et de travail sur soi : Que me disent mon angoisse, ma souffrance, mon symptôme, ma maladie ?

Chercher immédiatement à l'extérieur de nous un remède à la souffrance nous prive du message qu'elle nous délivre et nous empêche de faire le travail intérieur qu'elle nécessite. « *Je suis immédiatement dans la recherche d'une solution extérieure pour ne pas vivre ce que je ressens, parce que c'est trop dur* », me disait Perla dans un accès de lucidité sur son fonctionnement. Alicia, quant à elle, a vu que c'est en acceptant la souffrance de l'enfant en elle qu'elle pouvait rester en relation avec sa mère : « *Si on accepte de ressentir la souffrance, on ne la ressent pas de la même manière que si on la refuse. La douleur est moins vive, et on ne gaspille plus d'énergie à la nier* ».

Nous pouvons nous demander si nous entreprendrions une quelconque investigation sur nous-mêmes sans être taraudés par la souffrance, et si les épreuves de la vie ne sont pas autant d'opportunités de ressentir ce que nous portons en nous. La Vie Consciente ne va pas sans un certain consentement à la souffrance, qui n'est pas masochisme, mais accueil de soi.

Au terme de la plongée en nous-mêmes, nous remontons avec un savoir nouveau. Nous avons vu nos zones d'ombre (qui n'en a pas ?) mais aussi nos richesses intérieures (personne n'en est dépourvu). Nous avons compris qu'il est vain de nous faire des reproches car, à chaque instant, nous avons fait ce que nous croyions juste de faire, avec les moyens dont nous disposions alors. Nous avons vu que nos symptômes étaient, pour reprendre la belle formule de Freud, une « tentative de guérison ». Nous sommes entrés en contact avec notre « dignité intrinsèque », autre belle formule, de Swâmi Prajnânpad celle-là.

Ce que nous avons appris sur nous-mêmes, nous l'avons appris sur l'autre aussi, et grâce à l'autre. Car, au-delà du mortifère « culte des petites différences », autre formule freudienne, l'humanité recèle un fond commun à tous les êtres qui la composent. C'est au nom de ce fond commun que l'on peut « aimer l'autre comme soi-même ». Mais comment ce précepte évangélique pourrait-il s'appliquer dans un contexte de haine de soi ? Entrer en amour avec soi-même devient alors le préalable nécessaire à l'amour du prochain, à l'établissement d'une relation juste à soi-même et à autrui. Nous acceptons de nous voir tel(le)s que nous sommes, sans fard, mais aussi sans nous dévaloriser et, tel(le)s que nous sommes, nous pouvons nous accueillir, parce que nous ne nous réduisons plus à notre petit moi, ni à nos symptômes. Nous nous sentons reliés à quelque chose de plus vaste. Et dans cette vastitude, peut-être ferons-nous l'expérience, ne serait-ce que fugitivement, d'une complétude à laquelle chacun de nous aspire de tout son être.

Chapitre 9

DECOUVRIR LA COMPLETUDE ET LA GRATITUDE

« *Je sens une progression : avant, j'avais un brouhaha permanent dans la tête, que je tentais de faire taire par tous les moyens. Maintenant, je ne cherche plus à m'étourdir. Quand je suis dans mon jardin, le silence se fait en moi et rien ne me manque...* » dit Alicia en me faisant part de sa récente découverte de moments de sérénité et de complétude.

C'est le douloureux sentiment d'incomplétude qui pousse l'être humain à rechercher, hors de lui, ce qui pourrait le « compléter ». Cette quête prend souvent la forme de la recherche du partenaire amoureux idéal - ce n'est pas par hasard qu'on le nomme sa « moitié » -, d'une incapacité d'être seul(e) ou, parfois, d'une frénésie d'achats dits « compulsifs ». Nous avons le sentiment qu'il nous manque quelque chose ou quelqu'un. Nous croyons que c'est l'obtention de ce qui nous « manque » qui nous comblera et mettra, de ce fait, un terme à notre souffrance. C'est sur cette seule croyance que repose la société de consommation.

Dans les cas pathologiques, le vécu de manque prend la forme d'une angoissante sensation de vide qu'il faut à tout prix combler, ce qui fait le lit des diverses addictions que nous avons évoquées dans le chapitre sur la dépendance.

« *Avant, je voulais toujours être avec quelqu'un et maintenant, j'ai juste envie d'être avec moi-même* » me dit Chantal, qui commence à accéder au sentiment de complétude, tout comme Antoine : « *Jusqu'à récemment, pour me fuir, je recherchais toujours de la compagnie. Quand je n'étais pas au travail, j'étais avec les copains ou au syndicat. Maintenant, j'aime rester seul dans mon jardin. Je ne pense à rien. C'est reposant. Je me délecte de ce ressenti. Ce sont des moments magiques !* »

Dans tous les cas, c'est l'acceptation consciente de la traversée de ce manque qui peut nous permettre d'atteindre un lieu, en nous-mêmes, où rien, ni personne, ne nous manque, où il n'y a plus de sentiment de solitude, autrement dit, la complétude. Pouvons-nous, avant de l'atteindre, imaginer qu'un tel lieu existe en nous-mêmes ? Notons que cela est d'autant plus difficile que l'on ne s'aime pas. Et si, après avoir trouvé ce lieu, nous l'avons perdu, faute d'y être fermement établis, pouvons-nous nous rappeler que nous y avons goûté et, à nouveau, accepter de faire l'expérience viscérale du manque, jusqu'au prochain moment de plénitude ?

L'expérience de la complétude nous permet d'accéder au contentement et à la gratitude : notre attention n'étant plus focalisée sur ce que nous n'avons pas, nous pouvons enfin apprécier ce que nous avons, comme l'a découvert Florence : « *Je me suis forcée à rester chez moi toute seule et à faire le bilan : J'ai été dans la négativité pendant des années. Je ne savais pas voir les bonnes choses dans ma vie parce que je voyais toujours le verre à moitié vide et j'étais toujours dans la plainte. Il y a des gens qui meurent du cancer à vingt ans ! Moi, je suis en pleine forme et je ne veux plus être malheureuse. D'ailleurs, je ne le suis plus. Je subissais ma vie. Je ne veux plus la subir. Je veux la vivre, je veux la croquer !* »

Quant à Alicia, c'est en ces termes qu'elle exprime de la gratitude, y compris pour les épreuves traversées : « *Ce qui m'est arrivé n'est pas du temps perdu. C'est un mal pour un bien, et c'est un apprentissage. De mes douleurs, de mes difficultés et de mes malheurs, j'ai beaucoup appris. C'est comme si cela avait constitué un terreau fertile pour faire pousser la belle plante* (je note, au passage, que la « *vilaine petite chose toute moche* » du début de la cure s'est métamorphosée en une « *belle plante* ») *et j'ai envie de dire merci à la vie. Merci de m'avoir donné à vivre ce que j'avais à vivre* ».

A chaque seconde, la vie tient du miracle. Il ne va pas de soi d'être libre, de pouvoir respirer, marcher, voir et entendre, savourer des mets délicieux et humer des parfums exquis, d'être capable de se lever le matin, de bouger, danser, rire et chanter, de contempler le ciel ou la mer, d'avoir un libre accès au savoir et à la culture (écouter une musique qui élève l'âme ou lire un livre qui nous transporte)… et d'avoir de l'eau potable au robinet ! La plupart du temps, cela ne nous est-il pas accessible ? Faut-il que la maladie ou quelque malheur nous prive de tous ces cadeaux de l'existence pour que nous en appréciions la juste valeur ? La joie de vivre ne va pas sans cette salutaire prise de conscience. C'est précisément ce que constate Pascale : « *Je suis moins malade donc plus consciente. Je suis en conscience. J'apprécie d'être moins névrosée et plus apte à aimer. Je ressens la joie et l'émerveillement qui vont avec, et je goûte enfin la saveur de la vie* ».

Nous vivons dans une partie du monde plutôt favorisée, sous des latitudes clémentes et sur une terre fertile, dans un magnifique pays où la majorité d'entre nous bénéficie d'un niveau de vie relativement décent. Que de souffrances nous épargnerions-nous si seulement nous pouvions moins ruminer le négatif et accéder au contentement ! Certes, la satisfaction des besoins fondamentaux ne suffit pas au bonheur mais contribue grandement à réduire le malheur, pour peu que nous soyons conscients de ce qui nous est donné, et que nous ne nous laissions pas envahir par des pensées inutiles génératrices de souffrances stériles.

Le mental en rajoute et dramatise. Parce qu'elle avait eu un petit accident de voiture, Carole est arrivée en séance en disant qu'elle n'avait jamais de chance, et en est ressortie en disant : « *Je suis une miraculée* ». Avant d'ajouter, avec bon sens : « *C'est normal d'être triste parfois, mais ce n'est pas normal de se raconter des histoires qui nous rendent tristes* ». La séance n'avait pas effacé l'accident, ni réparé la tôle froissée, mais avait permis à Carole de changer son regard sur cet événement, somme toute banal. Elle parviendra aussi, au terme de son parcours thérapeutique, à changer son regard sur la vie : « *J'arrive beaucoup plus à voir l'aspect positif des choses maintenant. Récemment, j'ai appris la mort de l'une de mes anciennes camarades de classe. Moi, j'ai de la chance ! La vie n'est pas facile, mais il y a plein de bonnes choses que je ne voyais pas tant que j'étais enfermée dans mon petit ego inconscient, et je dis souvent merci. Rester conscient, c'est vraiment ce qui fait toute la différence ! Je suis contente d'avoir fait ce chemin, d'avoir pris conscience des choses, de ne plus être un être humain aveuglé. Je ne suis plus dans les mêmes affres. Je n'ai plus peur. Je me sens prête à vivre ma vie, en toute conscience* ».

Changer notre regard sur la vie, comme l'a fait Carole, voilà qui serait salutaire ! Ecoutons ce que nous en dit Philippe Dautais : « *Promouvoir une culture de l'émerveillement et de la gratitude apparaît aujourd'hui prioritaire (...) Eveiller les enfants au miracle de la vie leur serait certainement plus bénéfique que les jeux vidéo.*

Apprendre à accueillir la vie telle qu'elle se présente et à remercier devrait être au fondement de toute éducation [1] ».

Si nous ne ruminons pas le passé ni n'anticipons négativement l'avenir, si nous ne comparons pas notre situation avec ce qu'elle a été ou ce qu'elle pourrait être, ne pouvons-nous pas nous dire, la plupart du temps (autrement dit en dehors des situations dramatiques) que, *ici et maintenant,* cela va plutôt bien ? A quoi nous sert-il d'être abreuvés *ad nauseam* d'informations sur le monde si elles ne nous sortent pas de l'inconscience avec laquelle nous traversons d'ordinaire l'existence et si elles ne nous ouvrent pas les yeux sur notre bonne fortune ? « Le seul fait d'acquiescer à la vie et à l'être procure un sentiment de gratitude qui est lui-même source de bonheur...[2] ». J'ai été très émue, en Inde, de voir, dans le temple où je me trouvais, que des corbeilles de pétales de fleurs étaient à la disposition des pèlerins pour qu'ils les offrent à la déité. Cela même que nous avions à offrir nous était gracieusement offert... N'en va-t-il pas ainsi dans notre vie ?

Ecoutons, pour clore ce chapitre, le très beau témoignage de Phakyab Rinpoché sur son enfance dans le dénuement au Tibet. S'il a parfois souffert de la faim et du froid, ce n'est pourtant pas ce qu'il en retient : « J'ai connu cette époque où la nature, tout en prodiguant à nos corps la nourriture nécessaire, communiquait aussi à nos esprits une confiance illimitée. Elle nous ancrait dans une énergie d'abondance et de renouvellement. Démunis sans éprouver ni manque ni frustration, nous étions riches de

---

[1] Philippe Dautais, *op. cit.,* p. 215.
[2] Frédéric Lenoir, *op. cit.,*, pp. 21-22.

chaque journée, comblés de la beauté inépuisable des êtres et du monde ³ ».

---

³ Phakyab Rinpoché, Sofia Stril-Rever, *La Méditation m'a sauvé*, Paris, Le Cherche-Midi, 2014, p. 31.

CONCLUSION

Sauf pour quelques êtres d'exception, ce n'est qu'au terme d'un long cheminement intérieur que nous pouvons espérer sortir tant de l'inconscient que de l'inconscience, et entrer dans la Vie Consciente qui est celle à laquelle tout être humain a fondamentalement droit.

Ce cheminement passe par le dépassement de nos nombreuses déterminations, par l'accession à une maturité véritable et par l'adhésion à soi. Il s'agit avant tout de *demeurer avec et en soi-même*, dans une société qui prône la désertion de soi en nous exhortant à nous « évader ».

Les fascinations suscitées par le monde actuel sont innombrables. Il incombe donc à chacun de nous de veiller à ce que notre attention ne soit pas complètement capturée par elles, et de faire en sorte d'être attentifs à ce qui se passe tant à l'intérieur qu'à l'extérieur de nous-mêmes.

Cette vigilance suppose d'adhérer à la vie telle qu'elle se présente dans l'instant, en tant qu'elle est le révélateur de ce que nous portons en nous, et nous permet de réaliser notre potentiel de Conscience.

La civilisation moderne est caractérisée par la polarisation sur l'extériorité et sur l'avoir, ainsi que par l'hégémonie de la pensée. « L'Homme n'est plus qu'à l'extérieur de lui-même, en y cherchant compensation à ce qu'il ne découvre plus à l'intérieur de lui. Il est dans l'avoir au lieu de l'être [1] » constate gravement Annick de

---

[1] Annick de Souzenelle, *La Parole au coeur du corps, Entretiens avec Jean Mouttapa, op. cit.*, p. 100.

Souzenelle, qui interprète la sortie de l'Eden comme la sortie du lieu de l'intériorité de l'Homme, qu'elle qualifie de « jardin de jouissance ». Ce lieu n'est assurément pas le mental, qui pollue le présent avec un passé révolu et un hypothétique avenir, d'où la nécessité de recourir à de sains remèdes pour limiter son envahissante et infernale activité.

La présence à soi-même est un travail de chaque instant. Nous souvenons-nous encore des sagesses traditionnelles [2] qui nous enseignaient que les pensées inutiles, les émotions inappropriées et les tensions corporelles superflues font obstacle à la transformation intérieure ?

Si les accomplissements extérieurs ne sont certes pas à négliger, puisqu'ils font partie intégrante de notre participation au monde, ils ne doivent cependant pas faire oublier la nécessité de l'accomplissement intérieur qui participe de la grandeur de l'être humain.

« Non pas faire, mais se laisser faire, laisser être cette Parole qui nous habite, que nous n'entendons pas encore; mais nous n'aurons quelque chance de l'entendre que si nous mettons fin à notre cacophonie intérieure [3] ». Cela n'est possible qu'en réintégrant le temple de notre corps et le havre du présent. Et peut-être alors pourrons-nous passer de « je pense, donc je souffre » à « j'aime, donc je suis ».

---

[2] Cf. Red Hawk, *Self Remembering, The Path to non-judgmental love, A Practitioner's Manual*, Chino Valley, Arizona, Hohm Press, 2015.
[3] Annick de Souzenelle, *op.cit.*, p. 260.

REMERCIEMENTS

Je voudrais rendre un hommage appuyé à mon psychanalyste, qui m'a patiemment menée hors de l'inconscient, et à mon guide sur le chemin de la Conscience. Tous deux se reconnaîtront. Qu'ils reçoivent ici l'expression de ma profonde gratitude.

Cet ouvrage n'aurait pu voir le jour sans l'éclairante parole de mes patient(e)s qui, tout en me permettant de modestement contribuer à la réalisation de leur potentiel, contribuent grandement à la réalisation du mien.

REMINISCENT

TABLE

Sommaire 11

Préface 13

Préambule 17

INTRODUCTION 19

Première partie. SORTIR DE L'INCONSCIENT

1. Les deux réalités 23
2. L'interprétation de la réalité extérieure 27
3. La conception de soi et d'autrui 31
4. La conception de la vie et du monde 35
5. La perpétuation de schémas mentaux obsolètes 39
6. Le sentiment de culpabilité 43
7. Le point de vue égocentrique 47
8. La dépendance et l'immaturité 51
9. L'enfer des pensées et de l'idéal 55

Deuxième partie. ENTRER DANS LA CONSCIENCE

1. Un au-delà de la thérapie 63
2. La présence à soi-même 65
3. Le repérage de l'enfant intérieur 77
4. Du refus à l'acceptation 85
5. La désidentification au moi et au symptôme 91
6. A la recherche de notre profondeur 95
7. Le tête-à-tête avec soi-même 101
8. Entrer en amour avec soi-même… et avec autrui ... 107
9. Découvrir la complétude et la gratitude 115

CONCLUSION 121

REMERCIEMENTS 123

PSYCHOLOGIE ET PSYCHANALYSE

AUX ÉDITIONS L'HARMATTAN

Dernières parutions

DU BONHEUR À LA SANTÉ
La Rosa Emilio
Cet ouvrage apporte des explications sur les émotions négatives et positives, la mémoire et le fonctionnement du cerveau, permettant ainsi au lecteur de mieux comprendre les processus liés au bonheur et à la souffrance. Les émotions positives et négatives, et les souvenirs jouent un rôle de premier plan dans ces processus. En outre, nous décrivons les éléments qui favorisent et entravent le bonheur.
(19.00 euros, 188 p.)
ISBN : 978-2-343-07374-3, ISBN EBOOK : 978-2-336-39724-5

LA RECHERCHE DU SENS EN ANALYSE EXISTENTIELLE ET LOGOTHÉRAPIE
Abrami Léo Michel - Préface de Georges-Elia Sarfati
Voici l'un des rares livres de langue française consacrés à l'analyse existentielle. Cet ouvrage formule dans un langage clair une transmission située au plus près des fins de la thérapie. L'idée de thérapie est comprise ici au double sens antique du terme, il s'agit d'enrichir la relation d'aide d'un ensemble de vues inédites sur la conduite de l'analyse (sens clinique) et de donner des bases plus solides au dialogue axé sur l'expression de la vérité personnelle (au sens du soin de l'âme socratique).
(Coll. Quête du sens, 14.00 euros, 124 p.)
ISBN : 978-2-343-07968-4, ISBN EBOOK : 978-2-336-39712-2

FRONTIÈRES DU RÉEL OÙ L'ESPACE ESPACE
Salignon Bernard
Là où l'espace espace, c'est là où la source des vents passant entre les choses et les êtres décide de séparer ce qui ne serait que masse compacte, permettant ainsi, en même temps, de voir différemment les objets et le fond dont ils font monde. Ce livre, dans son écriture, trouve d'autres frontières entre esthétique, philosophie et psychanalyse, en les distribuant dans une unité plurielle et singulière.
(Coll. Eidos série Retina, 13.00 euros, 114 p.)
ISBN : 978-2-343-07688-1, ISBN EBOOK : 978-2-336-39815-0

L'ENFANT ET LA FÉMINITÉ DE SA MÈRE
Sous la direction d'Elisabet-Razavet, Georges Haberberg, Dominique Wintrebert
Avec la collaboration de Maryvonne Blouët-Bricoteaux et Laurent Dupont
Préface de François Ansermet
On lira ici comment l'enfant se dépêtre de la féminité de sa mère. Ce travail de recherche s'est forgé à travers des présentations de cas et leur commentaire. Il fait apparaître combien les différentes confrontations du sujet avec la castration et la féminité de sa mère, à différents temps contingents de son existence, sont décisives pour son destin d'« être pour le sexe ». La rencontre avec la castration maternelle conduit au cœur de la structure : il n'y a pas de signifiant pour dire la femme. Mais alors, entre mère et femme, comment l'enfant se débrouille-t-il ?
(Coll. Études Psychanalytiques, 20.00 euros, 182 p.)
ISBN : 978-2-343-07599-0, ISBN EBOOK : 978-2-336-39433-6

ÉLOGE DE NOS ANGOISSES
Essai
Lorin Claude
Stress, angoisses, tourments peuvent-ils être nos alliés ? Oui, répond l'auteur. Toutes sortes d'angoisses nous tenaillent et l'on a oublié qu'elles étaient bénéfiques quant à notre adaptation au monde. D'autres font partie de ce que l'on nomme « les épreuves de la vie ». Pour les surmonter et en faire bon usage, il faut libérer en nous ce que l'auteur nomme « la pulsion de création ». Tracas et tourments s'infléchissent alors sous la poussée intérieure de cette force qui conduit à la création et donne sens à nos vies.
(29.00 euros, 290 p.)
ISBN : 978-2-343-07262-3, ISBN EBOOK : 978-2-336-39523-4

HYPNOSE ET GESTION DE LA DOULEUR
Actes du 7e Congrès de l'Association européenne des praticiens d'hypnose
Sous la direction de Djayabala Varma
Cet ouvrage présente les applications de l'hypnose dans la prise en charge des personnes souffrant de : dysménorrhée fonctionnelle, syndrome de l'intestin irritable, migraine, algodystrophie, fibromyalgie, douleur fantôme et autres douleurs sans cause apparente. L'accompagnement de la femme enceinte et l'accouchement sans douleur par des techniques hypnotiques sont également traités dans ce livre.
(14.50 euros, 136 p.)
ISBN : 978-2-343-07528-0, ISBN EBOOK : 978-2-336-39644-6

DÉSERTS OU LA CRUAUTÉ DU SURMOI
Hurion Roseline
Déserts ou la cruauté du surmoi se veut le langage de ce moment où le surmoi devient le centre de la réalité psychique. Il libère ses forces centrifuges comme autant de points de tension secouant l'ensemble de cette réalité, l'expulsant et la ramenant vers le centre. Va-et-vient qui met le sujet face à ses pensées terrifiantes – les projections de sa peur. Dénonciation de la cruauté du surmoi dont les épiphénomènes gravitent autour de lui.
(15.50 euros, 146 p.)
ISBN : 978-2-343-07785-7, ISBN EBOOK : 978-2-336-39538-8

L'HARMATTAN ITALIA
Via Degli Artisti 15; 10124 Torino
harmattan.italia@gmail.com

L'HARMATTAN HONGRIE
Könyvesbolt ; Kossuth L. u. 14-16
1053 Budapest

L'HARMATTAN KINSHASA
185, avenue Nyangwe
Commune de Lingwala
Kinshasa, R.D. Congo
(00243) 998697603 ou (00243) 999229662

L'HARMATTAN CONGO
67, av. E. P. Lumumba
Bât. – Congo Pharmacie (Bib. Nat.)
BP2874 Brazzaville
harmattan.congo@yahoo.fr

L'HARMATTAN GUINÉE
Almamya Rue KA 028, en face
du restaurant Le Cèdre
OKB agency BP 3470 Conakry
(00224) 657 20 85 08 / 664 28 91 96
harmattanguinee@yahoo.fr

L'HARMATTAN MALI
Rue 73, Porte 536, Niamakoro,
Cité Unicef, Bamako
Tél. 00 (223) 20205724 / +(223) 76378082
poudiougopaul@yahoo.fr
pp.harmattan@gmail.com

L'HARMATTAN CAMEROUN
BP 11486
Face à la SNI, immeuble Don Bosco
Yaoundé
(00237) 99 76 61 66
harmattancam@yahoo.fr

L'HARMATTAN CÔTE D'IVOIRE
Résidence Karl / cité des arts
Abidjan-Cocody 03 BP 1588 Abidjan 03
(00225) 05 77 87 31
etien_nda@yahoo.fr

L'HARMATTAN BURKINA
Penou Achille Some
Ouagadougou
(+226) 70 26 88 27

L'HARMATTAN SÉNÉGAL
10 VDN en face Mermoz, après le pont de Fann
BP 45034 Dakar Fann
33 825 98 58 / 33 860 9858
senharmattan@gmail.com / senlibraire@gmail.com
www.harmattansenegal.com

L'HARMATTAN BÉNIN
ISOR-BENIN
01 BP 359 COTONOU-RP
Quartier Gbèdjromèdé,
Rue Agbélenco, Lot 1247 I
Tél : 00 229 21 32 53 79
christian_dablaka123@yahoo.fr

Achevé d'imprimer par Corlet Numérique - 14110 Condé-sur-Noireau
N° d'Imprimeur : 136972 - Dépôt légal : mars 2017 - *Imprimé en France*